传播技术变革

对

隐私理论的塑造与变迁

How does the Revolution of Communication Technologies Shape and Change Privacy Theory

王瑞奇◎著

中国政法大学出版社

2024·北京

**图书在版编目（ＣＩＰ）数据**

传播技术变革对隐私理论的塑造与变迁/王瑞奇著. —北京：中国政法大学出版社，2024.6

ISBN 978-7-5764-1496-7

Ⅰ.①传… Ⅱ.①王… Ⅲ.①传播－技术革新－影响－隐私权－研究 Ⅳ.①D912.704

中国国家版本馆CIP数据核字(2024)第108040号

----------------------------------------------------------------------------------------------

|  |  |  |
|---|---|---|
| 书　　名 | 传播技术变革对隐私理论的塑造与变迁<br>CHUAN BO JI SHU BIAN GE DUI YIN SI LI LUN DE SU ZAO YU BIAN QIAN |  |
| 出　版　者 | 中国政法大学出版社 |  |
| 地　　址 | 北京市海淀区西土城路 25 号 |  |
| 邮　　箱 | fadapress@163.com |  |
| 网　　址 | http://www.cuplpress.com (网络实名：中国政法大学出版社) |  |
| 电　　话 | 010-58908435(第一编辑部) 58908334(邮购部) |  |
| 承　　印 | 固安华明印业有限公司 |  |
| 开　　本 | 880mm×1230mm　1/32 |  |
| 印　　张 | 7.5 |  |
| 字　　数 | 159 千字 |  |
| 版　　次 | 2024 年 6 月第 1 版 |  |
| 印　　次 | 2024 年 6 月第 1 次印刷 |  |
| 定　　价 | 49.00 元 |  |

# 引　言

19世纪末，摄影技术的推广和普及，改变了人类对社会生活细节的捕捉和记录能力，唤醒了公众对限制媒体报道私人生活的诉求。报纸对法学家沃伦家中私人派对的过度曝光导致其撰写《隐私权》一文呼吁保护私人生活安宁。在其后百余年中，科学技术的革新始终是公众隐私观念变迁、隐私权理论发展的重要推动力量。新技术的发明和应用为人类生活带来了便利和福祉的同时，也对个人隐私保护不断提出新挑战。以此为背景，本书将以传播技术革新为角度，梳理摄影、摄像、监听、计算机、互联网等技术革新如何影响隐私权理论、立法以及人类对隐私掌控诉求和掌控能力的变化。

伴随着计算机技术的民用化，人类社会自20世纪六七十年代开始了信息化历程。计算机技术、互联技术、社交网络和大数据技术诞生并迅速普及，人类社会信息化程度不断加深。强大的科学技术在成就一大批互联网巨头的同时削弱了普通人对自身个人信息的掌控能力，这使得隐私保护问题在互联网时代变得异常普遍且难以解决。人类无法舍弃新科技带来的便利和福祉，又不甘愿让隐私权变成一纸空谈。无法在科学技术与隐私利益间做出选择的普通人往往寄希望于政府的立法引导。

在这种困境中，各国政府一直在调整相关的法律和政策，2015 年以来，全球范围内掀起了个人信息保护专项立法的浪潮。国家层面、社会层面和个人层面对于个人信息保护问题的重视已经超越对隐私的重视。信息技术使得隐私侵权的成本愈发降低，而隐私权立法却暂未出现根本性发展。公众一直被动地面对新技术带来的隐私冲击，一方面，越来越多的人认识到隐私的重要性，并期望自己的隐私能得到妥善保护；另一方面，社会生活的全面数字化使得一部分人对于隐私保护呈现出疲惫而麻木的态度。对于"隐私倦怠""隐私已死"等话题和论调，学界和业界也未能达成一致。本书希望能通过梳理既往历史和经验探究人的隐私诉求的本源和底线，并对未来隐私保护立法和保护个人隐私行为提供一定的参考或启发。

王瑞奇

2023 年 6 月 2 日　于北京市玉渊潭

# 目　录

第一章　信息化社会意味着隐私的终结？ ……………… 1

一、信息化社会 …………………………………… 1

二、人为什么需要隐私 ……………………… 13

三、技术革新为什么能影响人类？ ……………… 26

第二章　从隐私观到隐私权 ……………………… 33

一、私人安宁是人格尊严的体现 ……………… 33

二、隐私需求觉醒与快照技术 ……………… 37

三、技术驱动下的美国隐私权立法 ……………… 46

第三章　科技革新对隐私理论的影响 ……………… 77

一、从快照到窃听：摆脱财产权对隐私保护的束缚 …… 77

二、从信息性隐私权到个人信息保护 ……………… 88

三、网络服务商的责任与义务 ……………… 98

第四章　隐私权的抗辩理由 ……………………… 110

一、公共利益 ……………………………… 110

二、公众人物 ……………………………………………… 113

三、公共空间 ……………………………………………… 118

四、当事人未采取积极措施保护其隐私 ………… 127

五、合理依据 ……………………………………………… 130

六、新闻自由与隐私 …………………………………… 131

第五章　技术革新与数字化生存 ………………………… 143

一、从计算机到人工智能：数字化生存的技术序曲 …… 143

二、互联网时代的大众传播价值观 ………………… 153

三、隐私期待的崩溃 …………………………………… 160

第六章　作为"生产要素"的个人信息 ………………… 178

一、隐私的商业价值与个人信息保护立法 ……… 178

二、国家安全与公民隐私安全 ……………………… 194

三、政府信息公开与公民隐私 ……………………… 200

结语　万众皆媒时代的隐私失序 ………………………… 209

参考文献 …………………………………………………… 217

# 第一章　信息化社会意味着隐私的终结？

## 一、信息化社会

计算机、互联网等技术的发明、普及直接导致了隐私的信息化，这是整个 20 世纪隐私权研究背景的最根本变化，也是 21 世纪隐私安全问题愈发尖锐的根本原因。在互联网全球普及之初，沙茨·拜福德（Schatz Byford）曾预言信息社会的出现，"近期，隐私问题比任何时期都更成为一个更重要的问题，因为技术发展已经导致一个能够收集、存储和散布越来越多的个人信息的'信息社会'出现了。"[1]

早在十年前，全球范围内就相继发生多起涉及人数达千万的隐私泄露事件：美国第二大医疗保险公司 Anthem 遭黑客入侵，近 8000 万用户数据泄露；[2]全球最大婚外情网站 Ashley

---

〔1〕　Schatz Byford K., "Privacy in cyberspace: constructing a model of privacy for the electronic communications environment", *Rutgers Comput Technol Law*, Vol. 24, No. 1., 1996, p. 1.

〔2〕　《中国黑客攻击美国第二大医保公司》，载 http://www.ftchinese.com/story/001064576，最后访问日期：2015 年 10 月 28 日。

Madison. com 被黑客攻击，3200 万网站用户秘密信息泄露；[1]韩国 2700 万个人信息被黑客以每条 1 韩元（约人民币 0. 006 元）廉价出售，据称，被盗取的个人信息涉及姓名、电话、地址、银行账号、邮箱、身份证及相关账号密码等。[2] 近年来在全球相继爆发的隐私泄露事件屡次引发全世界范围内对于隐私问题的关注，残酷的现实使得隐私权问题的研究更具有意义。

隐私权是一项随着社会发展而提出来的人格权。[3] 从不被认可到举世公认，从民法中财产权的一个小小分支到一项重要的人权，隐私权相关的理论、学说和判例在一个世纪的时间里得到了极大发展。21 世纪以来，新科技"成就"的诸如人肉搜索、基因隐私暴露、网络监听、网络数据泄露等问题使得从技术视角审视隐私问题变得新鲜而又必要。科技的更新换代直接影响着生产关系和社会关系的变迁。法国学者雷吉斯·德布雷（Régis Debray）发现，传播技术对社会关系能起到一定的刺激作用。他认为，一切的传播技术都会引发或者蕴含一定的社会关系，而社会关系本身也会被新的技术载体所激发。[4] 约书亚·梅罗维茨（Joshua Meyrowitz）在《消失的地域：电子媒介对社会行为的影响》一书中提出，媒介能够改变社会秩序，

---

〔1〕 《全球最大婚外情网站被黑，3200 万网站用户秘密信息泄露》，载 http://news. 163. com/15/0820/17/B1FRPQ3J00014AED. html，最后访问日期：2015 年 8 月 20 日。

〔2〕 《韩国 2700 万个人信息遭窃取 因网站漏洞导致》，载 https://m. huanqiu. com/article/9CaKrnJFszt，最后访问日期：2024 年 3 月 16 日。

〔3〕 王利明：《隐私权的新发展》，载《人大法律评论》2009 年第 1 期。

〔4〕 ［法］雷吉斯·德布雷著，刘文玲译：《媒介学引论》，中国传媒大学出版社 2014 年版，第 125 页。

"媒介的演化通过改变我们收发社会信息的方式重塑了社会地点与物质地点的关系，这就改变了社会秩序的逻辑"[1]

20世纪中后期，基于计算机和互联网而存在的衍生技术陆续问世，技术革新的速度和它们的影响力更胜从前。隐私权理论建设和法律完善也进入快速发展期。截至目前，人类共经历过五次信息技术革命，[2]其中第四和第五次革命对隐私理论的发展起到了至关重要的作用。

表1-1　五次信息技术革命及其影响

|  | 变革领域 | 主要影响 |
|---|---|---|
| 第一次<br>（原始社会） | 语言的使用 | 信息语义化、规范化使得信息得以传递 |
| 第二次<br>（约1万年前） | 文字的创造 | 使信息的传递第一次突破时间和空间的限制 |
| 第三次<br>（7世纪左右） | 印刷术的发明 | 降低了书本的制作成本从而提升了其传播的速度和范围 |
| 第四次<br>（19世纪初至19世纪上半叶） | 电报、电话、广播和电视的发明和普及 | 使通信领域产生了根本性的变革，信息的传播进一步突破时间和空间的限制，即时沟通成为可能 |
| 第五次<br>（20世纪六七十年代） | 电子计算机和现代通信技术的发明和应用 | 带领人类进入信息化时代，可存储的信息种类、信息的存储技术、存储规模、传播速度和广度均发生革命性改变 |

---

〔1〕〔美〕约书亚·梅罗维茨著，肖志军译：《消失的地域：电子媒介对社会行为的影响》，清华大学出版社2002年版，第269页。

〔2〕有关信息革命的名称、次数和时间划分，学者们在各种研究领域有不同的观点。本书所做划分系依据各家观点综合而成，这种观点更利于本书的结构和说理。

　　当今的学术界对于 20 世纪中期开始的技术革命的称谓未能达成一致。目前存在"新技术革命""第三次科技革命""第四次科技革命""第三次浪潮""现代科技革命"等多种提法。或许是因为这场尚未结束的革命的影响过于深远，意义过于重大，致使不同背景的学者都试图在自己所专研的领域感受其带来的深刻变化，因此在定义这场革命时往往结合各自熟悉的学科发展经历诠释和理解这场革命，因此得出不同结论。

　　计算机、互联网等改变人类生活的伟大发明在数量、广度和速度上优化了信息的传播效率，为人类带来了生存的便利和生活的财富，同时延伸了人类器官接触和感知社会的功能。马歇尔·麦克卢汉（Marshall McLuhan）在《理解媒介：论人的延伸》中提出：媒介即人的延伸。[1]他认为，媒介是人的感觉能力的延伸或扩展。人类对自身权利内涵、外延的理解总是伴随着技术的更迭而发展和变化。新的科学技术的发明和普及也令法律滞后性的缺点暴露无遗，人们在享用新科技带来的福利的同时，也因这些新技术带来的隐私风险而感到不安。例如，来电显示技术的出现可能泄露来电者身份信息；电子邮件的广泛应用使得雇主得以轻松监视雇员的隐私；信用卡内置的小小芯片将人们的消费历史和消费习惯暴露无遗。而这种影响在未来仍将继续。[2]如同一枚探测针，总能灵敏感知新技术对人类权

---

〔1〕 ［加］马歇尔·麦克卢汉著，何道宽译：《理解媒介：论人的延伸》，译林出版社 2011 年版，第 7 页。

〔2〕 ［美］肯·高米莉著，黄淑芳译：《美国隐私权的百年历程》，载张民安主编：《美国当代隐私权研究——美国隐私权的界定、类型、基础以及分析方法》，中山大学出版社 2013 年版，第 181 页。

利、自由的冲击和挑战。

美国学者劳伦斯·莱斯格（Lawrence Lessig）通过对互联网的研究发现，网络空间的自由是由网络的结构决定的。不同网络结构所蕴含的不同价值取向造成了网络在可控性上的巨大差别。自由作为网络空间的本质特点，是网络空间利益的源泉。商业力量的参与正改变着网络空间的结构，进而重塑了网络空间自由的内涵。[1]网络提供给人类的广阔行为空间不仅推动了社会的进步、成就了互联网产业，也改变了人类的社会关系甚至社会格局。随着互联网的繁荣，人类生活与其紧密程度也不断提高。网络空间与现实社会在治理构架上的差异，使得在网络空间规避法律约束成为侵权者的必然选择。在这些侵权行为甚至犯罪行为中，信息安全首当其冲，这使得人类正在面临的隐私风险超过了以往任何一个历史时期。

人类进入互联网时代以后，数据信息成为最新的也是最重要的隐私载体。在信息社会里，人们每天的生活日常均被以各种各样的数据形式所记载。信息主体对自己个人信息的掌控力不仅被削弱，有时甚至对一些个人信息的产生和存储毫不知情。普通人对于新技术的掌握程度远远无法与专业人士匹敌，因此多数人无法预知个人隐私所面临的风险。不经意的定位行为、网络浏览行为、信息搜索行为、消费行为，均可能被网络运营商保存并用于数据分析。网络空间每分每秒都在生成数以亿计的，涉及人们生活、工作和隐私内容的数据，它们被用于分析

---

〔1〕〔美〕劳伦斯·莱斯格著，李旭、姜丽楼、王文英译：《代码：塑造网络空间的法律》，中信出版社 2004 年版，第 39 页。

网络用户的性别、年龄、兴趣、爱好、教育背景、生活环境和社交圈等内容，从而形成网络侧写[1]。这些低成本的数据可能为网络服务运营商带来巨大的财富，而消费者往往对此全然不知。

2015 年 11 月 27 日，腾讯公司公布"QQ 大数据之逃离北上广深"案例的数据统计结果。该数据显示，2015 年春节期间，即当年的 2 月 4 日至 2 月 15 日，总计 5334 万人离开北京、上海、广州和深圳。春节后，其中 1084 万人未回到上述四城市。该报告由此得出结论：北、上、广、深四城的逃离率为 12%。[2] 在该报告中，腾讯公司并未公开此数据的收集方式。

全球性社交营销代理机构 We Are Social 于 2014 年公开的调查数据显示，腾讯公司的 QQ、QQ 空间和微信用户量均跻身世界前五。其中 QQ 用户达 8.29 亿，超过中国人口总数的一半。[3] 以腾讯公司在中国的用户数量来看，获取上述信息并不需要采用任何传统的调查方式。熟悉 QQ 的人应该知道，用户每次登录 QQ 客户端时，系统会提示该账号上次登录的精确时间和地点，以防止账号被盗用。这只是 QQ 的众多功能之一，但这一个小

---

[1] "侧写"（Profile），原指犯罪心理学中一个分析方法，通常根据罪犯的行为模式、手法等信息推断出罪犯在犯罪时的心理状态，进而分析出他的年龄、性格、成长经历、生活环境、职业和近期境遇等。此处是指根据网络用户在网络使用过程中产生和留下的信息，分析他们的性别、年龄、生活背景、教育背景、家庭成员、消费需求和兴趣爱好等信息。通常网络用户留在网络的信息非常丰富、多样，因此对他们的侧写往往十分精确、全面。
[2] 《QQ 大数据揭示：逃离北上广深后 27% 的人又想回去了》，载 http://www.citnews.com.cn/news/201511/966.html，最后访问日期：2015 年 11 月 27 日。
[3] 《We Are Social：2014 年 QQ 用户数 8.29 亿 成全球第二大社交网络》，载 http://www.199it.com/archives/289008.html，最后访问日期：2014 年 11 月 5 日。

小的功能完全可能用于记录用户在 2015 年春节前后登录地点的变化，从而分析出，有多少人离开北、上、广、深后一去不回。

2015 年"双十一"过后，一条有关阿里巴巴集团通过大数据分析为商家提供售假指南的信息在网络流传。[1]阿里巴巴被指通过分析用户过往的消费记录，分析用户的消费额、退货率、投诉率，从而分析哪些人有能力识别假货，哪些人收到假货后更可能选择忍气吞声，而哪些会积极维权。淘宝卖家可以依据阿里巴巴提供的数据资料决定将假货卖给谁，从而降低退货率。如果这一情况属实，消费者就是受到了隐私权益和消费者权益的双重伤害。这种情况的出现源于新兴的互联网技术和大数据技术，使得网络服务商、制假者和售假者大发横财，消费者则深受其害。

有学者总结："科学技术、大众传媒、公共权力、消费主义文化交相凌侵，私生活自由处于风雨飘摇之中，现代社会的隐私权呈现出一幅不容乐观的图景。"[2]与隐私权的前景相反，互联网作为目前最有生命力的朝阳产业，它的发展势头是其他行业无法比拟的，对国家经济发展有着重要意义。据《北京日报》报道，2023 年"我国互联网和相关服务企业完成互联网业务收入 17 483 亿元，同比增长 6.8%"。[3]2005 年至 2022 年，美国数字经济对

［1］《大数据揭秘：淘宝上的假货、次品都卖给了谁?》，载 http://news. dichan. sina. com. cn/2015/11/17/1138929. html，最后访问日期：2015 年 11 月 17 日。

［2］马特：《无隐私即无自由——现代情景下的个人隐私保护》，载《法学杂志》2007 年第 5 期。

［3］《17483 亿元! 一图速览中国互联网经济成绩单》，载 https://news. bjd. com. cn/2024/03/06/10714522. shtml，最后访问日期：2024 年 4 月 1 日。

经济总量（GDP）的增加值从 10 205 亿美元增加至 25 695 亿美元。[1] 而通过立法限制互联网公司的数据搜集活动无疑会限制该产业的发展。因此，互联网产业相对发达的国家不会轻易制定打压该产业的政策。正因为如此，突破性的立法和政策变革往往率先出现在互联网产业相对欠发达的欧洲地区。

人类在数千年的发展历程中始终试图抵抗时间对人类记忆的磨灭。图腾、文字的发明是为了文化的传承；家谱、史书的流传是为了对家族、民族历史的纪念；录音、录像等技术的创造是为了记载人类有价值的瞬间。互联网和电子存储技术的出现和发展最终改变了人类对于"铭记"的执着。出于对个人尊严和生活安宁的需要，人类对隐私权有了全新的需求——"被遗忘"。

2014 年 5 月，欧洲法院对"冈萨雷斯案"[2] 作出判决。首例被遗忘权案件的出现在全球范围内引起轩然大波，然而它并没有引起欧洲以外的法院的效仿。有观点认为，由于被遗忘权不符合美国互联网产业的利益，因此美国法院不会承认这一权利；而正是因为欧洲的互联网产业远落后于中美，所以欧洲希望通过承认被遗忘权，限制谷歌这样的美国互联网企业在欧洲的发展。

在我们积极探索隐私保护立法的同时，技术革命也在飞速进行，新科技对隐私构成的潜在威胁在今后将更胜于今日。科

---

〔1〕 "Value added to the total economy（GDP）by the digital economy in the United States from 2005 to 2022", see https://www. statista. com/statistics/961908/digital-economy-value-add-to-gdp/，最后访问日期：2024 年 3 月 24 日。

〔2〕 Case 131/12, Google Spain SL and Google Inc. v. Agencia Española de Protección de Datos and Mario Costeja González, [2014] ECR I-000, nyr.

技的发展使得解决隐私泄露问题越发刻不容缓却又防不胜防。在不被当事人知晓的情况下获取其隐私信息并换取经济利益的行为，即典型的对个人隐私的侵犯。

然而，个体维权之路困难重重。对于个体而言，多数情况是：单一当事人并不具备追究侵权人法律责任的能力。[1]单一当事人提出隐私权诉讼，首先要面对高昂的时间和经济成本，仅此一点即打消了绝大多数受害人的维权念头。其次，普通人打隐私权官司的收益远低于公众人物。例如，甲在某二手房网站注册账户，搜索二手房信息。其后甲电话号码外泄，数十个二手房中介致电甲，影响甲的工作和生活。甲是否有必要将二手房网站告上法庭呢？未必！理由在于，即便胜诉，甲也很难从中获取任何精神上的或者经济上的收益。而对于泄露、买卖甲隐私信息的网站而言，诉讼案件仅是万分之一的概率，越是大的网络公司越有专业的法律团队处理类似纠纷，这对甲而言，胜诉的难度进一步加大。美国宾夕法尼亚大学的一项调查结果显示，很多美国人在经营社交网络与保护隐私利益的权衡中被迫牺牲个人隐私。该报告称："'放弃'会在人们相信某种非预期结果的出现是不可避免的并且自身没有能力去阻止时出现。比起认为能够做出选择，美国人更愿意相信对各大公司获取他们数据的行为进行管理是徒劳的。"[2]

如今，科学技术对人类存亡、发展的影响力丝毫不逊于过

---

〔1〕 岑剑梅：《电子时代的隐私权保护　以美国判例法为背景》，载《中外法学》2008 年第 5 期。

〔2〕 《调查显示大部分美国人已经放弃个人数据隐私权》，载 http://tech.163.com/15/0607/09/ARGD8NVD000915BD.html，最后访问日期：2015 年 6 月 7 日。

往任何历史节点。自 2001 年的 "9·11" 事件后，特别是 2012 年斯诺登事件爆发后，美国等多个国家将国土安全上升至可以凌驾于公民隐私权之上的高度。国土安全不仅为政府监控公民隐私提供了借口，更成为普通民众甘心放弃隐私利益的安慰剂。与此同时，科学技术仍然保持高速发展，更多样、更快速、更深入、更不易被察觉的信息收集技术仍在不断更新换代，隐私的获取、使用与存储将变得更为廉价和轻而易举。

与其说，新技术始终伴随着隐私权理论的发展，不如说隐私权理论见证了技术的不断进步。随着时代的变迁、科技的革新和隐私载体的不断扩展，隐私泄露的方式日益增多。有关隐私保护的法理不断拓展，人们的隐私意识逐渐加强。尽管如此，整体上现代人正面对的隐私风险仍远高于过去。个体对个人隐私的掌控力正随着技术的逐步强大和法律规定的细化而减弱。在照相机、窃听器、摄像头、计算机和互联网出现之前，一个人可以通过与世隔绝阻断外界的接触，从而防止隐私的泄露；而如今，即使一个人从不使用互联网，他/她的各种个人信息也可能通过户籍登记、银行开户、公告公示和他人上传等渠道向社会公开。在互联网世界，没有信息是绝对安全的，任何上传至互联网的信息都有泄露的可能。互联网时代的隐私风险如同救命良药的副作用，避不开又除不掉。因此，如何约束技术就成为互联网时代隐私保护不可回避的问题。

自美国法学家萨缪尔·D. 沃伦（Samuel D. Warren）和路易斯·D. 布兰代斯（Louis D. Brandeis）在《隐私权》中首次提出隐私权概念以来，美国法学界在隐私权领域的贡献始终令他国不能望其项背。不仅《隐私权》出自美国，世界上第一个承认隐私权的判例，"派维斯奇诉新英格兰生命保险公司案"（Pavesich v. New England Life Ins. Co.）[1]同样出自美国。"格瑞斯伍德诉康涅狄格州案"（Griswold v. Connecticut）[2]、"卡茨诉美国案"（Katz v. United States，后文简称"卡茨案"）[3]等隐私权领域里程碑式的判决也同样出自美国。美国法律学者不仅奠定了隐私权研究的理论根基、实操范例，更为其他学者提供了学术探索的宝贵资料。正如学者梅耶（Meyer）所说，"如果说隐私观念诞生于英国，那么美国则滋养了它，为它提供一个良好的社会环境，人人都将隐私珍视为自身不可剥夺的保护私人空间的权利"。[4]

美国科技发达，电话、计算机、社交网络等多种传播媒介均在美国问世。许多涉及新科学技术的案件往往最先出现在美国。无论是普通法的经典判例，还是成文法的先进条文，都影响着其他国家的隐私权研究，为后世所参考。

法律的发展总是动态的，反映着发展过程中人与人、人与社会、人与规则的关系以及人如何在不同利益间作取舍。隐私权从无到有、从弱到强，反映着社会物质生活的变迁和人们思想观念的转变。这种变化和冲突在20世纪后半叶尤为突出，其中很重要的原因是技术的更迭。来自技术的冲击并没有停止，因此我们所生活的时代正面临着前所未有的隐私危机。

---

〔1〕　50 S. E. 68；（Ca. 1905）.
〔2〕　381 U. S. 479（1965）.
〔3〕　389 U. S. 347（1967）.
〔4〕　Spacks, Patricia Meyer, *Privacy：Concealing the Eighteenth-Century Self*, University of Chicago Press，2003，p. 3.

1996 年，美国学者尼古拉·尼葛洛庞帝（Nicholas Negroponte）在《数字化生存》一书中提出数字化生存（Being Digital）概念。[1]他预言未来人类将生存在数字化空间。传统的生活模式将逐渐式微，取而代之的是通过应用数字技术完成生活中的衣食住行。在数字化时代，"生存"本身就是产生数据的过程：每个人每天在接触别人创造的信息的同时，自己也在不断创造信息。

互联网的出现使得当今世界的信息交流中的隐私风险大大增加。几乎所有的网络运营商都承诺保护用户隐私，但事实上没有哪个网络运营商能真正做到完全保证隐私安全。2015 年夏天在欧美地区闹得沸沸扬扬的美国婚外情网站 Ashley Madison. com 3700 万用户信息泄露一事就是一例。[2]尽管该网站有明确的隐私条款保证不会擅自搜集和传播用户的隐私信息，却未能妥善保护好用户的隐私，以至于大量用户信息被黑客获取。

随着新的技术带来新的隐私问题，相关理论和立法也一直在进行相应的调整。例如，发生在 2009 年的，"莱利诉加州案"（Riley v. California）[3]，莱利在圣地亚哥被警察拦下，警察在其车内发现几把装有子弹的手枪。为查明手枪的来源，警察搜

---

〔1〕 ［美］尼古拉·尼葛洛庞帝著，胡泳、范海燕译：《数字化生存》，电子工业出版社 2017 年版，第 228 页。

〔2〕 2015 年 8 月 18 日，黑客在 Ashley Madison. com 首页公布用户信息，包括真实姓名、职业、照片、登录密码、详细家庭住址、信用卡信息等婚外情相关资料。通过注册邮箱可知，用户来自英国和美国政府部门、知名企业、银行、军队、教堂以及包括哈佛、耶鲁在内的多所大学。黑客称此举目的在于逼迫该网站关门。参见《美国婚外情网络遭攻击 3700 万名用户资料泄露》，载 http://news. sohu. com/20150821/n419384208. shtml，最后访问日期：2015 年 8 月 30 日。

〔3〕 Riley v. California，573 U. S. 373（2014）.

查了他的智能手机，而此前并没有出示搜查证。2014 年 6 月
25 日，美国联邦最高法院全数通过原告莱利胜诉的判决。法
庭判决警察在逮捕公民时如果要检查其手机内容，必须提供搜
查证。

摆在我们面前的现实很清楚：技术革新的步伐不会停止，
而人类也不会放弃对人格尊严和私人安宁的追求。摄影、监听、
监控、计算机、互联网和人工智能等技术问世后，人类是如何
解决科学技术带来的新的隐私问题的？技术革新与隐私期待之
间是否存在理想的平衡点？法律如何界定技术、约束技术以平
衡技术带来的隐私问题具有相当的重要性，这些问题直接影响
着我们的生活，甚至生活模式。

# 二、人为什么需要隐私

1890 年，沃伦和布兰代斯发表《隐私权》，首次提出隐私
权概念，呼吁美国法律保护一种"不被干扰的"人身权。他们
承认涉及公共利益和普遍利益的隐私内容不被禁止，即并非所
有人都能时时刻刻为隐私法所保护。一部分人在一定程度上
"放弃了能够藏匿于公众观景之外的生活方式"。[1] 因此，类似
的隐私，可能因主体不同而被保护或者不被保护。而可免责的
公开言论，如在法庭的发言，便不受隐私权保护。同时，法律

---

〔1〕〔美〕路易斯·D. 布兰代斯等著，宦盛奎译：《隐私权》，北京大学出版社
2014 年版，第 28 - 34 页。

不保护仅以口头传播的、尚不能对隐私构成严重损害的隐私侵权行为。借鉴版权领域中发表权"一次用尽原则"[1]，对于同意或已经发表的事实，隐私权同样一次用尽。此外，不能以公开事项属实为由抗辩隐私侵权。隐私权侵权无关被公开事项是否属实。即使是善意公开同样不能成为抗辩理由。[2]

沃伦和布兰代斯列举式地描述了隐私权，仅给出一个模糊的、似曾相识的轮廓：这种权利既涉及财产又涉及精神，既涉及空间私密性又不局限于有形空间的私密（如肖像权和姓名权）。这有利于人们接受他们的理论，同时给后世拓展隐私权理论留下了空间。

有评论认为，该文章一经发表即引起学界关注，引发"美国法律界一场关于'隐私'的革命。此文引起的不仅是学界的热烈讨论，更有司法和成文法领域的变革。"[3]《隐私权》一文在隐私权研究领域具有奠基性地位，即便是在整个法学研究领域，这篇文章仍然堪称经典中的经典。恩格斯曾有过关于公共利益同隐私权关系的论述，陈力丹将其观点归纳如下："个人隐私应受法律的保护，但个人隐私甚至阴私与重要的公共利益——政治生活发生联系的时候，个人隐私就不是一般意义上的私事，而是属于政治的一部分，它不再受隐私权的保

---

〔1〕 是版权领域广泛认同的原则，发表权一次用尽理论是指，作品一旦以某种符合法律规定的方式被发表，以后就不存在再次甚至反复发表的可能，发表权只能行使一次。

〔2〕 ［美］路易斯·D. 布兰代斯等著，宦盛奎译：《隐私权》，北京大学出版社2014年版，第34页。

〔3〕 展江、李兵：《略论隐私权的法律起源——兼与张民安教授商榷》，载《新闻记者》2014年第7期。

护，它应成为历史记载和新闻报道不可回避的内容。"[1]恩格斯认为，与公共利益无关的纯粹私人事务，非经过当事人允许，不得公开。例外的是，对于一些意义重大的历史事件，有必要在史书中如实记载有关历史人物的某些私事，在此情况下，个人隐私权不得不作出牺牲和让步。

艾伦·F. 威斯汀（Alan F. Westin）在《隐私与自由》中提出，"隐私权虽重要，但社会并没有给它一个准确的定义"。[2]对于隐私权概念的界定，各个国家、各个时期的学者有着不同的阐述。例如，梅耶认为隐私是一个形容词，它起源于拉丁文"脱离、摆脱"（deprive）一词。通常情况下，这一词汇被用于形容个体从公共空间脱离的状态。[3]

而对于隐私权的概念，学界一直存在不同说法。1880 年，法官托马斯·库利（Thomas Cooley）将"不受干扰的权利"（The right to be let alone）归为侵权法保护的对象。库利的这种描述为后世广泛接受。这种形容性的抽象定义模式为隐私权奠定了开放式的概念基础，在一定程度上为隐私权内涵的拓展提供了可能。

几乎同一时期，《民族》杂志（The Nation)[4]主编埃德温·

---

[1]　陈力丹：《马克思恩格斯的"隐私权"观念》，载《新闻法通讯》1986 年第1 期。

[2]　Alan F. Westin, *Privacy and Freedom*, New York：Atheneum, 1970, pp. 32 –39.

[3]　Spacks, Patricia Meyer, *Privacy：Concealing the Eighteenth-Century Self*, University of Chicago Press, 2003, pp. 1 –2.

[4]　《民族》是美国现存最早的连续出版的周刊，1865 年由经济学家埃德温·劳伦斯·戈德金（1831 –1902）创办，是一份以知识分子为主要读者的小众意见杂志，但对精英界影响不小。戈德金除了创立《民族》杂志之外，还在 1883 年 –1899年任美国现存最老的日报《纽约晚邮报》（New York Evening Post）的总编。

劳伦斯·戈德金（Edwin Lawrence Godkin）曾两次撰文探讨隐私问题。1880年，他在《大西洋月刊》（The Atlantic）发表《诽谤及其法律救济》（Libel and Its Legal Remedy）一文，其中使用了隐私权一词（the right to privacy）[1]。十年后，戈德金再次撰文，将隐私权归为一种天赋的基本权利："决定关于这个人的想法和感觉的知识，他和生活在同一屋顶下的家人的私人行为、生活习惯等，在多大程度上被公众知悉，就像他决定他怎样吃喝、他穿什么、以什么样的方式度过闲暇时光一样，是一项天赋权利。"[2]

20世纪60年代是美国隐私权理论发展的重要时期。美国著名学者威廉姆·L.普罗塞（William L. Prossor）在对过往数百起隐私权判例进行研究后发现，美国法院在处理涉及监听[3]、麦克风[4]等新技术案件的实践中拓展了隐私权的内涵。1960年，他在《加州法学评论》发表隐私权研究领域的传世文献《隐私权》一文，提出隐私权四分法，该理论对美国隐私权实践影响颇深。他认为，依据过往判决来看，隐私问题存在四种不同的侵权，即非法侵犯他人住所、独处或者私人事务（intrusion upon the plaintiff's seclusion or solitude, or into his private affairs）；

---

〔1〕 Edwin Lawrence Godkin, "Libel and Its Legal Remedy", *The Atlantic Monthly*, 1880, pp. 729–738.

〔2〕 转引自展江、李兵：《略论隐私权的法律起源——兼与张民安教授商榷》，载《新闻记者》2014年第7期。

〔3〕 Rhodes v. Graham, 238 Ky. 225, 37 S. W. 2d 46 (1931).

〔4〕 Mc Daniel v. Atlanta Coca Cola Bottling Co., 60 Ga. App. 92, 2 S. E. 2d 810 (1939); Roach v. Harper, 105 S. E. 2d 564 (W. Va. 1958). The same conclusion was reached, on the basis of a criminal statute, in People v. Trieber, 28 Cal. 2d 657, 163 P. 2d 492, 171 P. 2d 1 (1946).

盗用他人姓名或肖像之侵权（appropriation, for the defendant's advantage, of the plaintiff's name or likeness）；公开他人私人信息之侵权（public disclosure of embarrassing private facts about the plaintiff）；发表错误信息致他人遭受误解之侵权（publicity which places the plaintiff in a false light in the public eye）。[1]普罗塞的上述理论被后人评价为"引领了英美法律文化的潮流"。[2]后世许多学者都试图对隐私侵权进行新的划分，但多以"四分法"为蓝本。数十年来，即便隐私侵权主体、客体、载体和方式随着技术的发展不断拓展、更新，始终没有能取代普罗塞"四分法"的新理论出现。

20世纪六七十年代是隐私权研究的分水岭。隐私问题愈发为美国社会所重视。"格瑞斯伍德诉康涅狄格州案"标志着美国宪法对隐私权的承认。隐私在更广阔的范围内被美国社会所接受，逐步成为一项人格权益。

随着计算机的普及和数据库的产生，学者们开始着力于研究信息性隐私权问题。威斯汀将隐私定义为"个人、群体或者机构所享有的决定何时、用什么样的方式以及在何种程度上将其信息对别人公开的权利"。[3]威斯汀的这种界定受到学界的肯定，其后有多名学者对信息性隐私权展开讨论，如杰瑞·康（Jer-

---

〔1〕　William L. Prosser, "Privacy", *California Law Review*, 1960, p. 389.

〔2〕　［美］弗农·瓦伦丁·帕尔默著，王盛雅译：《美国历史上隐私的三座里程碑》，载齐延平主编：《人权研究（第13卷）》，山东人民出版社2014年版，第328 –348页。

〔3〕　Alan F. Westin, *Privacy and Freedom*, New York：Athenum, 1970, P7, 转引自张民安主编：《信息性隐私权研究——信息性隐私权的产生、发展、适用范围和争议》，中山大学出版社2014年版，第2页。

ry Kang)[1]、保罗·M. 施瓦茨特（Paul M. Schwart)[2]以及德兰尼（Delany）和卡诺兰（Carnolan)[3]等人，都认为信息性隐私权是对于信息的控制权。

威斯汀还总结了隐私对于个人和集体而言的四个主要功能：①隐私是一种自治性权利（personal autonomy），它的实现能够保护个体完成对个人事务的决断，从而避免他人对其实施的操纵或控制；②隐私为个体提供的私密空间能帮助主体释放个人情绪（emotional release）；③隐私的实现能帮助个体保持社会生活中的个性，从而实现个人评估（self-evaluation）；④隐私界限的划分可以控制个体同他人交往的尺度（limited and protected communication），将社会交往中的亲密关系和疏离关系区分开来。[4]威斯汀对于隐私的理解仍然带有"空间隐私权"痕迹，认为人与人的接触程度影响着隐私的曝光程度。他提出自治性权利，说明他所理解的隐私权不只是财产权性质，而是带有一种控制权性质。

美国法学家查尔斯·弗里德（Charles Fried）在《隐私权》中进一步认可隐私权的人权性质，他认为"没有隐私的人即失

---

〔1〕 Jerry Kang, *Information Privacy in Cyberspace Transaction*, (1998) 50 Stan. L. Rev. 1193, p. 1203, 载张民安主编：《信息性隐私权研究——信息性隐私权的产生、发展、适用范围和争议》，中山大学出版社 2014 年版，第 66 页。

〔2〕 Paul M. Schwart, "Property, Privacy, and Personal Data", *Harvard Law Review*, Vol. 110, No. 7., 2004, p. 2058.

〔3〕 Hilary. Delany, Eoin. Carnolan, *The Right to Privacy*, Thomson Round Hall, 2008, p. 22.

〔4〕 Alan F. Westin, *Privacy and Freedom*, New York: Atheneum, 1970, pp. 32–39.

去人的完整性"。[1]

1980 年，美国学者茹斯·加维森（Ruth Gavison）发表的《隐私及其法律限制》一文是隐私权研究领域的一篇重要的总结性文章。在吸纳了先前学者们的研究成果的基础上，加维森提出了自己的观点。隐私权概念最关键之处在于解释隐私的性质（Status）和特点（Characteristics）。她认为，当一个人与他人接触时，他就不可避免地失去某些隐私。当其他人完全不能接触到一个人时，这个人才能获得完美的隐私（perfect privacy）。而这种完美隐私与彻底没有隐私一样，都几乎是不可能的状态。加维森提出，隐私权通过限制对个体的物理性接触可以隔绝外界对个体的干扰并形成一种抑制效应（inhibitive effect）。她还总结出实现隐私权的三种途径：第一种通过保密手段防止他人获取隐私信息；第二种是对隐私信息采取匿名化处理，使他人无法将信息与具体人物对应；第三种是切断与外界联系。[2]

目前，隐私权理论通说已将其接纳为一项人身权。美国学者帕默尔总结出三方面的人格保护权，即①控制对姓名、肖像以及照片的使用；②对个人或者家庭生活空间的保留；③对自己的创作、著作以及想法的控制。[3]

随着互联网在全球范围内兴起，信息的生产速度和传播广

---

〔1〕　Charles Fried, "Privacy", *Yale Law Journal*, 1968, pp. 475 – 477.

〔2〕　Ruth Gavison, "Privacy and the Limits of Law", *Yale law journal*, 1980, p. 428、433、446 – 447、471.

〔3〕　［美］弗农·瓦伦丁·帕尔默著，王盛雅译：《美国历史上隐私的三座里程碑》，载齐延平主编：《人权研究（第13卷）》，山东人民出版社 2014 年版，第332 页。

度大为提高，越来越多的学者从信息控制权的角度研究隐私问题。伊森·喀什（Ethan Katsh）将隐私理解为"对其他人能够了解到的关于你的信息的控制能力。人们只能用两种方式了解你——监视和搜索（基于监视和搜索的信息报告）"。[1]

随着信息交流的日益频繁，信息的商业价值、政治价值的提升，个人隐私与公共利益间的冲突问题愈发明显。如何解决二者之间的冲突成为隐私权研究的新热点。梅耶提出，隐私的外延主要就是有关一个人在何种程度上向社会上的他者曝光或者保留。隐私就是个体权能同公众利益之间的博弈。[2]

进入 21 世纪，网络空间的隐私权问题成为隐私权领域的核心。例如，美国学者丹尼尔·沙勒夫（Daniel Solove）的《隐私不保的年代》一书主要介绍互联网世界中存在的隐私泄露问题，而美国学者洛丽·安德鲁斯（Lori Andrews）的《我知道你是谁，我知道你做过什么》一书主要讨论社交网络对个人隐私保护提出的挑战。

本书认为，计算机和数据库的普及将隐私权理论的历史分为两半，以 20 世纪 70 年代为分水岭。在此之前，"不被打扰"的权利的实现主要基于限制他人对物理空间的接触，属于财产权的一种。而在信息性隐私权出现之后，隐私权保护逐渐脱离了对有形财产的依赖，以个体对个人隐私信息的"控制权"这种人格权形态出现。互联网和社交网络的出现引发了个人信

---

〔1〕 ［美］劳伦斯·莱斯格著，李旭、姜丽楼、王文英译：《代码：塑造网络空间的法律》，中信出版社 2004 年版，第 177 页。

〔2〕 Spacks, Patricia Meyer, *Privacy：Concealing the Eighteenth-Century Self*, University of Chicago Press, 2003, p. 4.

息在互联网世界的过度曝光，学者们对隐私失控问题感到担心。

我国对于隐私权领域的研究起步较晚。1997 年，张新宝的《隐私权的法律保护》是我国第一本详尽介绍隐私权历史、法理、内涵及与其他权利间冲突的隐私权研究专著，该书采纳的欧美隐私权理论认为，隐私权是公民享有的私生活安宁与私人信息依法受到保护，不被他人非法侵扰、知悉、搜集、利用和公开的一种人格权。针对新的科学技术对隐私权理论带来的挑战，该书还设专门章节介绍了互联网中的隐私问题。

此外，中国学者关于隐私权基本概念和理论的研究可散见于一些民法学、新闻法学的专著之中，如顾理平于 2012 年出版的《新闻传播法学》将隐私界定为"公民享有的不愿公开个人生活秘密和个人生活自由的权利"。[1] 魏永征、周丽娜在《新闻传播法教程》中指出"隐私权，是个人有依照法律规定保护自己的隐私不受侵害的权利，包含消极防御和积极自我决定两个方面"。[2] 王泽鉴的《人格权法》[3] 和王利明、杨立新主编的《人格权与新闻侵权》[4] 介绍了新闻侵权中的人格权问题，其中包含隐私权的相关理论、抗辩事由和救济方式。

相比之下，我国学者对信息性隐私权问题的研究兴趣更为浓厚。2004 年，美狄亚出版《谁偷窥了你的网络隐私》，该书

---

〔1〕 顾理平：《新闻传播法学》，江苏教育出版社 2012 年版，第 209 页。

〔2〕 魏永征、周丽娜：《新闻传播法教程》，中国人民大学出版社 2002 年版，第 174 页。

〔3〕 王泽鉴：《人格权法》，北京大学出版社 2013 年版，第 351 页

〔4〕 王利明、杨立新主编：《人格权与新闻侵权》，中国方正出版社 2010 年版，第 303 页。

以专访的形式搜集真实案例，向读者介绍人们在网上购物、网上求职、网上就医等日常的网络行为中无意间泄露隐私的案例，从而展示网络这一"没有隐私的社会"。齐爱民的《拯救信息社会中的人格——个人信息保护法总论》一书主要介绍了个人信息的概念、地位、保护原则，以及各国的相关立法问题。张鸿霞等于2013年出版的《网络环境下隐私权的法律保护研究》，主要介绍了网络空间隐私权问题的现状、侵权类型和原因，还介绍了比较法上一些国家、地区的立法现状。最后着力介绍我国的相关情况，并对我国的立法提出建议。

张民安主持翻译了数十篇国外相关的优秀论文，陆续出版了《侵扰他人安宁的隐私侵权——家庭成员间、工作场所、公共场所、新闻媒体及监所狱警的侵扰侵权》《隐私权的比较研究——法国、德国、美国及其他国家的隐私权》《公开他人私人事务的隐私侵权——公开他人的医疗信息、基因信息、雇员信息、航空乘客信息及网络的隐私侵权》《隐私合理期待分论——网络时代、新科技时代和人际关系时代的隐私合理期待》《信息性隐私权研究——信息性隐私权的产生、发展、适用范围和争议》等论文集。从各个角度介绍国外关于隐私权领域的经典文章和论述。

我国学者在隐私权领域的优质论文很多，其中不乏精彩的论述和先进的理念。杨立新认为，"随着社会的进展和社会观念的变化，隐私的概念不断发展"。[1]王泽鉴从侵权法角度理解隐私权，他认为"隐私的本质在于保障个人秘密关系（intimacy）

---

〔1〕 杨立新：《关于隐私权及其法律保护的几个问题》，载《人民检察》2000年第1期。

不受侵害"。[1]

王利明较为全面地梳理了隐私概念的保护范围。首先，他认为隐私权保护私生活秘密权，若要维持现代社会人与人之间越发密切的社会交往，"必须要更加尊重个人的私生活秘密，未经他人许可，不得非法披露、窥探、泄漏他人的秘密"，且隐私保护应当尊重当事人的意愿，"不管这些秘密的公开对个人造成的影响是积极的还是消极的，无论这些秘密是否具有商业价值，只要这些秘密不属于公共领域，不是法律和社会公共道德所必须要公开的信息，原则上都应当受到隐私权的保护"。其次，他认为隐私权还包括空间隐私权，而空间概念又分为物理空间和抽象空间。空间隐私权概念使得"对于私人空间的保护方式从财产权保护延及隐私权的保护"且把这种保护延伸至公共空间和虚拟空间。最后，他认为隐私权还包括私生活安宁权，即保护人格、尊严、人身自由和个人生活幸福的权利。[2]他在《隐私权的新发展》一文中强调，私生活领域（intimate sphere）涵盖"个人思想和感情及其不同表达方式、根据自然的性质需要保密的领域，如健康和性生活信息"。[3]

彭万林则主张秘密说，认为："隐私权就是指个人对其私生活安宁、私生活秘密等享有的权利。隐私首先是指个人没有公开的信息、资料等，是公民不愿公开或让他人知道的个人的

---

〔1〕　王泽鉴：《侵权行为法（第一册）》，中国政法大学出版社 2001 年版，第131 页，转引自马特：《隐私权研究——以体系构建为中心》，中国人民大学出版社2014 年版，第 31 页。

〔2〕　王利明：《隐私权内容探讨》，载《浙江社会科学》2007 年第 3 期。

〔3〕　转引自王利明：《隐私权的新发展》，载《人大法律评论》2009 年第 1 期。

秘密。"〔1〕

向燕认为，自1886年"博伊德诉美国案"（Boyd v. United States，后文简称"博伊德案"）〔2〕中出现隐私权萌芽至1967年"卡兹案"初步确立隐私权地位，美国国力日渐强大，隐私保护的相关法律也日臻完善，美国宪法第四修正案保护重心从保护财产转移至保护隐私。〔3〕美国法院承认信息性隐私权，认为"当私人机构尤其是商事经营者在没有任何正当理由的情况下收集、加工、存储、传播甚至出卖他人的私人信息时，私人机构尤其是商事经营者也应当就其侵犯他人信息性隐私权的行为对他人承担侵权责任"。〔4〕王冠在《论人格权（上）》中将隐私权界定为"公民个人隐瞒纯属个人私事和秘密，未经本人允许、不得公开的权利"。〔5〕

林欣苑则认为隐私权的内涵伴随着个人资料经济价值的增长而发生扩张，演变为"自己支配自己资讯、资料之作成、贮存和利用"〔6〕的权利。早在2004年，刘德良就发现，开放、高效、数字化和低成本的互联网的广泛应用，对诸多传统民法学问题产生了重要影响，对于隐私权领域更是如此。〔7〕

张志坡等人发现，作为社会动物的人类，其对于自我隐私

〔1〕 彭万林主编：《民法学》，中国政法大学出版社1994年版，第161页。
〔2〕 116 U. S. 616 (1886).
〔3〕 向燕：《从财产到隐私——美国宪法第四修正案保护重心之变迁》，载《北大法律评论》2009年第1期。
〔4〕 张民安主编：《信息性隐私权研究——信息性隐私权的产生、发展、适用范围和争议》，中山大学出版社2014年版，第8页。
〔5〕 王冠：《论人格权（上）》，载《政法论坛》1991年第3期。
〔6〕 林欣苑：《网络上隐私保护途径之分析》，东吴大学2003年硕士学位论文。
〔7〕 刘德良：《网络时代的民法学问题》，人民法院出版社2004年版，前言。

和他者隐私的认知存在着矛盾心理。人们希望自己能够独处与安宁的同时,又对其他人的私密空间充满好奇和欲望。[1] 微型通讯监听、监控设备、计算机、智能手机和互联网等现代科技的发明,为人类提供了不用敲开他人家门就能窥探他人私生活的工具和机会。

随着国际社会对隐私权的普遍接受,隐私权保护问题也日趋呈现国际统一化。[2] 网络隐私权并不是一种独立隐私权,而是隐私权在网络空间的体现。网络隐私的内容与一般隐私的内容相同,都包络私人生活的安宁、私人生活的秘密、通讯的自由、空间的隐私等。[3] 同时,网络隐私权也禁止通过网络泄露个人敏感信息。[4] 有学者认为,是"高科技的发展引发了隐私权危机",传播手段伴随着科技的发展不断革新,选取、筛选、发布和传播隐私信息的方法和效率均发生了巨大变化。借助于针孔摄像头、微型录音笔和远程摄像等高科技设备,人们可以窥探和记录他人隐私且不被发现。[5]

本书认为,秘密关系说如今已显陈旧,不能适应信息社会对隐私概念的需求。一方面,"秘密"是指不愿让人知道的、私密的信息,其核心特点在于"不愿让他人知悉"。在以计算

---

[1] 张志坡、李飞、张露:《偷拍与隐私权保护——以宾馆偷拍为侧重点》,载《华东理工大学学报(社会科学版)》2011年第4期。

[2] 王娟:《隐私权》,载王利明、杨立新主编:《人格权与新闻侵权》,中国方正出版社1995年版,第406–407页。

[3] 王利明:《隐私权的新发展》,载《人大法律评论》2009年第1期。

[4] 赵兴宏、毛牧然编著:《网络法律与伦理问题研究》,东北大学出版社2003年版,第107页。

[5] 李先波、杨建成:《论言论自由与隐私权之协调》,载《中国法学》2003年第5期。

机办公为常态的信息社会，即便是令人感到尴尬的信息，如某些特殊疾病的患病信息、一段特殊关系的记录，都不可避免地保存于一些机构、组织的数据库中。这些信息掌握在不受信息主体[1]控制的人或组织、机构手中，虽有着"不愿让他人知悉"的特点，信息主体却不能有效阻断信息的流转。尽管有时"流转"是违法的，但当事人不能实施有效阻断。另一方面，所谓"关系"，在很大程度上依托于物理上的接触，尽管在互联网时代，"关系"可能是远距离的、虚拟的，但这种"关系"是双方的直接接触。在信息社会，多数的隐私并不涉及"关系"。

起步晚并未阻碍我国对隐私权问题的研究发展，在 20 年的时间里，我国学者始终保持着对于隐私权问题的研究热情。对于网络隐私权、社交网络中的隐私权等前沿问题，我国学者始终保持与国际学界同步的前进步伐。大型政府机构、商业实体已经拥有的信息抓取能力和控制能力超越了普通个体的想象，而且这种技术实力和财力上的差距并不是通过简单的集体维权就可以填补的。因此，一味强调赋予个体强大的信息控制权固然是一种美好的愿望，但这种观点严重忽视了信息社会的现实。

## 三、技术革新为什么能影响人类？

学术界一向认可科技革新对社会变革的影响。

---

[1]　本书所指信息主体为信息的存在所依托或者指向的人或者群体。

美国社会在 20 世纪经历了科技的飞速发展，手机、电子邮件等原本只在科幻电影中出现的新兴通讯技术成为了人们生活的日常。[1]学者认为，正是这些高科技带来的对公民隐私权利的威胁，促使美国联邦最高法院将美国宪法第四修正案的保护范围拓展至对隐私利益的保护。[2]美国联邦最高法院在对"凯乐诉美国案"（Kyllo v. United States）[3]的判决中表明，不承认科技发展对美国宪法第四修正案中隐私范围的影响是不明智的。而人类当前需要面对的问题是如何限制科技的力量，从而保护我们的隐私权。

美国学者肯·高米莉（Ken Gormley）在《美国隐私权的百年历史》一文中对美国隐私权理论在 20 世纪的发展进行了梳理。他总结出：美国的隐私权制度是伴随美国的发展而不断进步的。他归纳出五种隐私权理论，每一种隐私权利的出现都是"美国社会生活和技术变革"的结果。第一种是沃伦和布兰代斯"因报纸行业以及摄影师在未经他人允许的情况下对他人信息的收集和传播行为极其严重"而提出的隐私权理论；第二种隐私权理论是美国宪法第四修正案中所规定的，限制政府通过搜查和扣押侵犯他人对隐私权的合理期待；第三种理论主要关于"当一个人的言论自由权和另一个人的思考自由和心绪宁静利益"的冲突问题；第四种涉及公民个人在"社会契约中明示或者默示由公民个人保留"的独处权；最后一种则是各州宪法对公民隐私权利的补充。他认为，试图把隐私视作单一的概念的尝试是徒劳的，

---

〔1〕　See H. R. Rep. No. 647, 99 th Cong. , 2d Sess, 17 – 18（1986）.

〔2〕　向燕：《从财产到隐私——美国宪法第四修正案保护重心之变迁》，载《北大法律评论》2009 年第 1 期。

〔3〕　Kyllo v. United States, 533 U. S. 27（2001）.

隐私的概念将随着社会和科技的发展继续变化。[1]

如今,科学技术与科学产品的更新换代速度及他们对人类社会的影响力远胜于任何历史时期。人类对于不断发生的社会变化的习得能力与承受能力都受到了极大挑战。近年来频频爆发的人肉搜索问题、艳照门事件,都从侧面反映出人类在新的技术面前的茫然无知。以人肉搜索为例,这种以互联网为平台的、依托搜索引擎和人工信息核查或者借助线下信源实现的、深度挖掘相关新闻人物或者事件真相的群体性信息搜索活动是信息社会特有的信息发布、信息共享的狂欢。早在人肉搜索活动刚出现之时,就有法律人士指出这种活动的开展通常伴随着不同程度的隐私侵权行为。有时人肉搜索参与者可能需要负法律责任。而直到今天,人肉搜索并没有销声匿迹,仍频频出现在各国的网络事件中。本书认为,人肉搜索反映了人类在面对新的科学技术带来的新的社会关系时其道德及法律拓展应用能力的滞后性。对于普通人而言,掌握网络搜索技巧远比掌握新技术带来的新社会关系控制能力简单。在新技术使用过程中所应遵循的道德底线、默示规则同相关立法一样,具有滞后性。这需要使用者在实践中不断摸索、总结并达成共识。

沙茨·拜福德认为,技术的发展塑造了"信息社会",它使信息的获取、储存和公开更加容易,也使得隐私问题变得愈发重要。[2]

---

〔1〕 〔美〕肯·高米莉著,黄淑芳译:《美国隐私权的百年历程》,载张民安主编:《美国当代隐私权研究——美国隐私权的界定、类型、基础以及分析方法》,中山大学出版社2013年版,第177、182页。

〔2〕 Schatz Byford K.,"Privacy in cyberspace: constructing a model of privacy for the electronic communications environment", *Rutgers Comput Technol Law*, Vol. 24, No. 1., 1996, p. 1.

印度研究者班纳杰（Banerjee）通过研究论证地理位置信息属于隐私，则谷歌地球（Google Earth）这样的新技术可能在一定程度上影响个人的生活和自由。[1]

格劳斯（Gross）和阿奎西特（Acquisti）在研究 Facebook 的大学生用户群体行为时发现，尽管这些大学生用户对于个人信息泄露抱有担心，但他们仍然热衷于通过社交网络分享各种隐私信息。[2]这种现象同样被其他学者的研究佐证，[3]将它定义为社交网络的"隐私悖论"（Privacy Paradox）。

有研究者通过对 205 名使用 Facebook 和 Myspace 的大学生进行问卷调查发现，相比未在社交网络建立档案的用户，建立档案的用户更有可能面临信息泄露问题，同时，在使用社交网络时，女性比男性更注重隐私保护。[4]研究者通过深度访谈和问卷调查发现：社交网络的规模与隐私泄露风险程度成正相关。

---

〔1〕　Debadyuti Banerjee, "Is My Laptop a Viable Tool to Invade Your Privacy? —Such and other Critical Legal Issue Generated by Google Earth", *Journal of International Commercial Law and Technology*, Vol. 5, No. 4., 2010.

〔2〕　A. Acquisti, J. Grossklags, "Privacy and Rationality in Individual Decision Making", *Security & Privacy*, *IEEE*, Vol. 3, No. 1., pp. 26 – 33.

〔3〕　参见 S. B. Barnes, "A privacy paradox: Social networking in the United States", *First Monday*, Vol. 11, No. 9., 2006; K. Lewis, J. Kaufman, N. Christakis, "The taste for privacy: An analysis of college student privacy settings in an online social network", *Journal of Computer-Mediated Communication*, Vol. 14, No. 1., 2008, pp. 79 – 100; M. Thelwall, "Social networks, gender, and friending: An analysis of MySpace member profiles", *Journal of the American Society for Information Science and Technology*, Vol. 59, 2008, pp. 1321 – 1330; D. Boyd, E. Hargittai, "Facebook privacy settings: Who cares?", *First Monday*, Vol. 15, No. 8., 2010.

〔4〕　J. Fogel, E. Nehmad, "Internet social network communities: Risk taking, trust, and privacy concerns", *Computers in Human Behavior*, Vol. 1. 25, No. 1., 2009, pp. 153 – 160.

用户通常通过两种方式防止信息泄露：①屏蔽浏览；②公开虚假信息。[1]

有学者认为，信息技术的发明对隐私构成了侵害，而现在通行的、由欧美建立的法律体系对隐私保护的效果甚微。[2]韦伯（Weber）认为，有必要通过国际性立法以确立完整的法律框架以维护互联网时代的隐私利益。[3]艾奇奥尼（Etzioni）认为，技术与隐私的关系就如同一场发生在先进科技与隐私保护者之间的竞赛，问题的关键在于这些技术是如何被使用的以及这种使用过程是否被监管。[4]

人类的信息传播方式、传播力以及传播心态已随着科学技术的发展发生深刻的变化。认为隐私的内涵和外延正被科学技术改变的观点无疑是正确的。人们的行为模式和隐私观念在同技术的磨合和互动中已然发生变化。不计后果的自我曝光行为与日新月异的传播影响力的碰撞使得当代的隐私问题比历史上任何时期都更加尖锐。个人隐私信息的无国界传播使得隐私保护的跨国合作成为必然趋势。

新技术之所以新，通常是因其具备一些现有技术不具备的

---

〔1〕 Alyson L. Young, Anabel Quan-Haase, "Information revelation and internet privacy concerns on social network sites: a case study of facebook", *C&T'09 Proceedings of the fourth international conference on Communities and technologies*, 2009, pp. 265 – 274.

〔2〕 Brian Shapiro, C. Richard Baker, "Information technology and the social construction of information privacy", *Journal of Accounting and Public Policy*, Vol. 20, No. 4 – 5., 2001, pp. 295 – 322.

〔3〕 Rolf H. Weber, "Internet of Things-New security and privacy challenges", *Computer Law & Security Review*, Vol. 26, No. 1., 2010, pp. 23 – 30.

〔4〕 Amitai Etzioni, "Are New Technologies the Enemy of Privacy?", *Knowledge, Technology & Policy*, Vol. 20, No. 2., 2007, pp. 115 – 119.

特点。近年来，科技产品在设计上愈发人性化，方便、快捷、廉价和易操作成为消费者的主要追求。20 世纪末，苹果公司前 CEO 史蒂夫·乔布斯秉承"用户不知道自己要什么"的设计理念，研发出一系列具有前瞻性的苹果产品，不仅深受全球用户欢迎，更"改变了人们与身外世界的关系"。[1]

卡斯特尔等人的专著《移动通信与社会变迁：全球视角下的传播变革》是从技术视角看待社会变迁，他们发现，移动通信的发明和普及正在全球范围内引发社会变迁。21 世纪以来，移动电话已经在全世界范围内广泛推广，从特别技术成为主流技术，进而在全球范围内成为一种普遍的交流媒介。在各种领域的社会实践中，移动通讯自身的技术也不断升级换代，愈发符合人们各异的需求。在移动通讯的使用方面，一种全球范围内的青年文化正悄然形成，他们预言，这种文化将在未来对整个社会产生重要影响。而人类也在实践中拓展出移动通讯的更多用途，例如将通过移动通讯作为社会运动的政治动员工具。他们认为，"由于交往是人类活动的基本过程，在社会结构、社会实践和一种新的通讯技术之间的互动所修正的通信过程的确构成了一种深刻的社会变迁"。

彭兰在《新技术条件下的网络行为变化趋势》一文中提出，互联网的出现改变了人们获取信息的习惯，"从被动接受信息向主动索取、选择与组合信息发展"，"从网络媒体需求向网络社会诉求发展"。[2]白淑英认为，科技的发展使人类的

---

〔1〕　艾波：《乔布斯：用户"不知道自己要什么"》，载《大众标准化》2011 年第 10 期。

〔2〕　彭兰：《新技术条件下的网络行为变化趋势》，载《中国记者》2008 年第 8 期。

交流愈发依赖技术，导致人类交流模式发生重大变革，主要表现为身份虚拟化、空间公共化、对象扩大化和距离弹性化四个方面。[1]

王利明在《隐私权内容讨论》一文中指出，基因技术的出现创造了基因隐私的概念。[2]人类基因中天然携带的基因特质记载着人类生命的秘密。基因隐私隐藏于人的身体，获取基因隐私的办法甚至比拆开一个密封的信封更加容易。一滴血、一根头发都足以使一个人的基因秘密曝光。[3]而基因隐私泄露的后果却远胜于普通隐私信息。[4]

本书认为，细数历次科技革命、技术革新均对于人类社会关系、生活模式、生存质量带来根本性变化。学界对这一问题的研究尚不够深入，这无疑有些遗憾。同时，这也为本书的研究留下了空间。可以说，科技发明是造福人类的福祉，也是暴露隐私的魔咒。

---

[1] 白淑英：《网络技术对人类沟通方式的影响》，载《学术交流》2001年第1期。

[2] 王利明：《隐私权内容探讨》，载《浙江社会科学》2007年第3期。

[3] 李震山：《胚胎基因工程之法律涵义》，台湾大学法学院"基因科技之法律规则体系与社会冲击研究研讨会"论文，转引自王利明：《隐私权内容探讨》，载《浙江社会科学》2007年第3期。

[4] 罗胜华：《基因隐私权研究》，载易继明主编：《私法（第2辑第2卷）》，北京大学出版社2003年版，第103、112页。

# 第二章　从隐私观到隐私权

## 一、私人安宁是人格尊严的体现

作为一种观念，隐私已经存在上千年。西方《圣经》中就记载了这样的故事："在创世纪之初，看守伊甸园的亚当和夏娃在蛇的诱惑下偷吃了上帝的智慧果后，有了羞耻意识，不愿再赤身裸体地去见上帝，开始使用无花果叶子编成的裙子来遮羞"。张新宝认为，遮蔽下体乃至遮蔽全身最初是为了保暖或者护身，同时也体现了人类对自尊的需求。[1]杨立新认为，"实际上，隐私观念在人类将自己的阴私部位用树叶等遮挡起来的时候，就产生了"。前文所述古代人类对于遮羞的需要与现代人的隐私需求或有些许相似之处，但只能说这是隐私观念的萌芽，它与现代意义上的隐私并非同一概念。

诞生于公元前 400 年的希波克拉底誓言（Hippocratic Oath）中有关于医者尊重患者隐私的表述更接近现代隐私权概念："无

---

〔1〕　张新宝:《隐私权的法律保护》，群众出版社 2004 年版，第 3 页。

论至于何处，遇男或女、贵人及奴婢，我之唯一目的，为病家谋幸福，并检点吾身，不作各种害人及恶劣行为，尤不作诱奸之事。凡我所见所闻，无论有无业务关系，我认为应守秘密者，我愿保守秘密。尚使我严守上述誓言时，请求神祇让我生命与医术能得无上光荣，我苟违誓，天地鬼神实共亟之。"[1]此外，在中国儒家思想中亦有"非礼勿听、非礼勿视、非礼勿言"等与隐私相关的表述。本书认为，相比于树叶遮体，上述两种表述中的观念更接近现代意义上的隐私观念。

人类对于隐私的需求反映在生活的方方面面。马斯洛的"需要层次理论"认为，除了少数病态的人，社会上的绝大多数都有自下而上五个层次的基本需求，即生理的需要（the physiological needs）；安全的需要（the safety needs）；社交的需要或称归属与爱的需要（the belongingness and the love needs）；尊重的需要（the esteem needs）；自我实现的需要（the needs of self-actualization）。[2]

生理上的需要是指穿衣、吃饭、住所和医疗等人们最原始、最基本的需求，一旦缺失则危及生命。这些活动本身属于人类最私密的行为和选择，是隐私的一部分。

安全的需要包括日常起居的安全、生产的安全、出行的安

---

〔1〕 The Hippocratic Oath：In every house where I come I will enter only for the good of my patients，keeping myself far from all intentional ill-doing and all seduction. All that may come to my knowledge in the exercise of my profession or in daily commerce with men，which ought not to be spread abroad，I will keep secret and will never reveal it.

〔2〕 ［美］A. H. 马斯洛著，许金声、程朝翔译：《动机与人格》，华夏出版社1987年版，第40页，转引自王利明、杨立新主编：《人格权与新闻侵权》，中国方正出版社1995年版，第82页。

全和免遭天灾人祸的安全等，这其中自然包括隐私权中私人住所免遭非法入侵和搜查的需求。

社会交往的需要是指作为社会动物的人类在日常的社会交往中从他处，如亲人、爱人、朋友、同事和同学等，获得关爱、理解和支持的需求。同外界的接触、建立信任和社会关系是个人隐私向外传递的前提。学者加维森认为，隐私权利益与社交活动中人与人接触的程度密切相关，这包含三个方面，即①他人对我们的了解程度，②他人与我们的物理性接触程度，以及③他人对我们的重视程度。[1]

凡是参与到社会交往中的人都渴望被他人肯定、赞扬和尊重，同时希望社会对自己的认同能够稳定而牢固。这种对尊重的需求是人类在温饱、安全和社会交往不再成为问题时必然产生的、更高层次的需求，是人类自尊心的体现。正如前文所说，隐私利益最初出现就是出于自尊的需要，一旦人们不希望为人所知晓的信息曝光，我们的自尊心就会因为社会形象或者社会评价的改变而受到伤害。自我实现是指人们实现了对自己的预期。例如，完成了自己希望完成的事情、实现了长久以来的梦想、成为了让自己认可的人。自我实现的方式因人而异，主要在于自身的感受。对于不同的人来说，同样的境遇会带给他们不同的感受以及对自我实现的不同认知。人类自我意识的觉醒，即"你""我"的"私"意识的萌芽是隐私观念的最初形式。"私"即是通过限制接触权、掌控权对物品、生活作区

---

〔1〕　Ruth Gavision, "Privacy and Limits of Law", *Yale Law Journal*, Vol. 89, 1980, pp. 421 –471.

隔。目前隐私权已被广泛认可为一项人权。

近代人权理论源于 17、18 世纪欧洲资产阶级启蒙学者的思想，是在反"神权"背景下提出的。[1]从历史角度来看，新教[2]的出现顺应了历史的发展方向，它代表着新兴资产阶级的利益。新教的教义符合普罗大众的内心需求。例如，新教教义中的"信徒人人都可为祭司"，其含义是指每一个信徒都可以做祭祀，无需神职人员做中介。即人人在信仰面前都是平等的，人人都有救赎自己的权利。浸礼教牧师罗杰·威廉斯认为，政府的权力来自人民的赋予，政府不应该掌握比人民更多的权力。[3]

托马斯·胡克（Thomas Hooke）在《宗教综述》中指出："一切人在教规上都是平等的。"[4]胡克的理论还蕴含了早期的社会契约观，他认为社会契约"是在上帝的律法面前，由他们自由地同意一方享有对另一方的权利或权力，或一方对另一方行使权利或权力。这表现在君主与人民之间的一切契约中、丈夫与妻子的契约中、主人与仆人的契约中，并且最明显地表现在一切联盟和公司中……他们首先应自由地在这样的契约中约定，然后慎重地履行这样的责任"。[5]

---

〔1〕 14 世纪前后，西欧制度逐渐瓦解，资本主义生产关系萌芽并发展。此前教会制度和教会倡导的神权思想成为资本主义制度发展的障碍。资产阶级思想启蒙和宗教改革势在必行。

〔2〕 16 世纪宗教改革运动后，新出现的改革来自罗马教廷的路德宗、加尔文宗、安立甘宗三大教会，与天主教、东正教等旧有势力针锋相对。

〔3〕 ［美］纳尔逊·曼弗雷德·布莱克著，许季鸿等译：《美国社会生活与思想史（上）》，商务印书馆 1994 年版，第 102 – 103 页。

〔4〕 ［美］梅里亚姆著，朱曾汶译：《美国政治学说史》，商务印书馆 1988 年版，第 12 页。

〔5〕 陆镜生编著：《美国人权政治——理论和实践的历史考察》，当代世界出版社 1997 年版，第 68 页。

最先提出人人有自然权利的是荷兰法学家格老秀斯（Grotios），他肯定所有动物都有自卫与自救的能力。此外他还支持社会契约观点，认为国家是人们利益的联盟。英国政治家密尔顿（Milton）详尽阐述了人与生俱来的自由、财产和生命权。英国的约翰·洛克（John Rock）认为"个人权利至上"，认为人与生具有自由、平等和自主等权利，这些个人权利源于人的本性与自然。

《圣经》《创世纪》第一章第二十八节中有这样的表述，"上帝就赐福给他们，也要管理海里的鱼、空中的鸟和各样在地上走动的生物"。罗伯特爵士将此理解为"亚当既取得对一切生物的统治权，因此他就成为全世界的君主"。而洛克在反驳罗伯特爵士时指出，上帝没有赋予亚当统治人类的权利，他也不能称为"君王"，他所拥有的权利与其他人类是相同的。[1]

洛克认同密尔顿提出的三种自然权利。除此之外，他还和卢梭一样承认平等权和参政权。相关理论在后来成为美国独立战争时期的思想旗帜，对美国《独立宣言》和美国社会的权利观念产生深远影响。

## 二、隐私需求觉醒与快照技术

相比言论自由、版权等其他传媒法领域的权利，隐私权几

〔1〕［英］洛克著，高适编译：《洛克说自由与人权》，华中科技大学出版社2014年版，第249、250页。

乎拥有最短的历史。它并没有出现在 18 世纪轰轰烈烈的启蒙运动中的任何一个重要文献中。法国《人权宣言》没有提，《法国民法典》《德国民法典》[1]也没有明确提及。经历了美国独立战争，美国人民对自由、独立有了更深刻的理解，然而《独立宣言》和《人权宣言》同样没有提及隐私权。美国宪法中也找不到隐私权这个词，仅在一些条文中间接提出对隐私的保护。例如，美国宪法第四修正案有关公民的人身、住宅、文件和财产不受非法扣押和搜查的规定，以及美国宪法第五修正案有关禁止嫌疑人自证其罪的规定等。

托马斯·杰斐逊主持起草的《独立宣言》在开篇即表达："我们认为下述真理是不言而喻的：人人生而平等，造物主赋予他们若干不可让与的权利，其中包括生存权、自由权和追求幸福的权利。为了保障这些权利，人们才在他们中间建立政府，而政府的正当权利，则是经被统治者同意授予的。任何形式的政府一旦对这些目标的实现起破坏作用时，人民便有权予以更换或废除，以建立一个新的政府。"[2]马克思对《独立宣言》评价很高，称之为"第一个世界性人权

---

〔1〕 张新宝在《隐私权的法律保护》（群众出版社 1997 年版，第 48 页）中指出，德国联邦最高法院直至 1959 年才根据其宪法作出判例，确认《德国民法典》第 823 条第 1 款中的"人身权"包含隐私权。

〔2〕 "We hold these truths to be self-evident, that all men are created equal, that they are endowed by their Creator with certain unalienable rights, that among these are life, liberty and the pursuit of happiness. That to secure these rights, governments are instituted among men, deriving their just power's from the consent of the governed. That whenever any form of government becomes destructive of these ends, it is the right of the people to alter or to abolish it, and to institute new government, laying its foundation on such principles and organizing its powers in such form, as to them shall seem most likely to effect their safety and happiness."

宣言"。[1]

在殖民地时期，英帝国政府曾在北美颁布通用搜捕状，允许治安警察可以进入任何人的私人领地搜查，此举引发北美新移民不满，也是北美革命爆发诱因之一。而 1787 年《美国宪法》中却并没有通过条文形式对人民基本权利给予保障。美国联邦党为安抚民心，兑现《独立宣言》中承诺的"生命权、自由权和追求幸福之权"，着手起草旨在保护人权的一系列宪法修正案。1789 年，詹姆斯·麦迪逊（James Madison）在第一届联邦国会上提出草案。几经辗转，直到 1792 年 3 月 1 日，时任美国国务卿的托马斯·杰斐逊正式宣布修正案通过，这批宪法修正案又称《权利法案》。在《权利法案》颁布之初，美国和世界上任何其他国家一样，尚无隐私权这一权利。美国宪法第四修正案的最终目的在于终止治安警察可以随意进入公民私人领地搜查的历史，但其限制非法搜查、入侵私域的理念对后世隐私权理论有着重要影响。时至今日，非法搜查、非法入侵仍是隐私侵权领域的重要内容。

立法上的缺失并不意味着公民隐私需求的缺失。1881 年，美国密歇根高等法院在"迪梅诉罗伯特案"（De May v. Roberts）[2]中判决原告胜诉。被告罗伯特是一名男性医生，他在原告迪梅女士临盆之际来到迪梅家，并且与另一名男性斯卡特伍德（Scattergood）同往。进入迪梅家之前，罗伯特告知迪梅的丈夫斯卡特伍德是他的助手。迪梅夫妇对此二人的到来并未表示异

---

[1]　田小惠：《美国近代人权理论的历史考察》，载《安徽史学》2002 年第 4 期。
[2]　46 Mich. 160，9 N. W. 146，1881 Mich.

议。在发现斯卡特伍德的真实身份后，迪梅女士控告二人欺诈。原告迪梅称，她之所以未对这一陌生男性的到来提出异议是基于对罗伯特医生的信任，即认为斯卡特伍德是一名医护人员。被告罗伯特辩称，出诊当天他身体不适且路途难行，因此找斯卡特伍德同行。

马斯顿法官（Marston）代表法庭发表判决意见，在对生活贫困的迪梅女士狭窄居所的情况详细介绍后，他说："原告当时所处的情况非常神圣，其他人非请或情况紧急不得入内，显然上述两种情况在本案中并不存在。此时，原告对于其公寓的私密性享有法律上的权利。法律通过要求他人对其权利给予尊重和禁止他人侵犯来保障其权利实现。"

在上述案例中，马斯顿法官使用了"对其公寓私密性的法律权利"（a legal right to the privacy of her apartment）这一表述。此观点反映了城市化后的美国公民对于私人空间的财产权意识的觉醒，延续了美国宪法第四修正案的理念，将禁止侵犯公民私宅的主体范围从警察扩大为未获准进入的任何人。同时，承认"私密性"的保护价值，也反映了公民对自尊心的需求。

1837年，法国发明家路易·雅克·曼德·达盖尔（Louis Jacques Mand Daguerre）发明了世界上第一台照相机，银版摄影术（又称达盖尔摄影术）就此诞生。[1]摄影技术即时、真实、可视的特点符合新闻报道的价值追求。因此，照相机诞生后不久就被新闻界采用。[2]目前人们公认的世界上第一张新闻摄影

---

〔1〕 邬时民：《照相机的发明》，载《内蒙古林业》2013年第3期。
〔2〕 曾尉、邬荆江：《小议新闻摄影在新闻报道中的地位和作用》，载《长江大学学报（社会科学版）》2007年第1期。

照片摄于 1848 年 5 月 5 日德国汉堡的一次火灾现场。[1]

新闻摄影通过静止的、无声的画面记录来展现新闻事件的某一个瞬间，它生动、形象，因此逐渐在新闻业普及。同时，摄影技术也有其不能摆脱的局限和弱点——它不能完整还原新闻事件的前因后果和背景资料，有时易给读者造成误解或者被读者误读。这一缺陷至今未被克服，屡屡引发争议和纠纷。[2]

可以说，19、20 世纪之交，摄影技术与经济现实的相互作用是隐私权概念的出现背景之一。面对经济萧条，报刊业为求生存开始热衷于在新闻报道中刻画男女关系，形成盛极一时的"黄色新闻思潮"（yellow journalism）。他们使用"骇人听闻、华而不实、刺激人心和满不在乎的那种新闻阻塞普通人所依赖的新闻渠道，把人生的重大问题变成了廉价的闹剧，把新闻变成最适合报童大声叫卖的东西"。[3]即时摄影技术正符合当时新闻界的需求。

1890 年的一天，一位美国波士顿中产精英、特拉华州议员的女儿沃伦夫人，在家中举办了一场私人聚会。对于沃伦家的这场精英聚会，波士顿的《星期六晚报》等当地报纸丝毫不吝惜笔墨，对当天的诸多细节进行了细致描绘，其中一些内容让沃伦夫人和她的丈夫深感难堪。毕业于哈佛大学法学院的沃伦

---

〔1〕　《世界上最早的新闻照片是哪张？》，载 https://www.163.com/dy/article/F9SMCEO90514R9OM. html，最后访问日期：2024 年 3 月 15 日。

〔2〕　详见 2009 年"挟尸要价"事件，以及伊拉克战争"虐囚门"事件中美国士兵"枪指战俘喂水"事件等。

〔3〕　［美］迈克尔·埃默里、埃德温·埃默里、南希·L. 罗伯茨著，展江译：《美国新闻史——大众传播媒介解释史》，中国人民大学出版社 2009 年版，第 197 页。

先生是一名纸张商人，但在一年前他仍在从事法律工作，因此在法律界颇有人脉。被新闻报道激怒的沃伦先生找到自己的朋友布兰代斯律师，两人随后在《哈佛法律评论》上联名发表了《隐私权》[1]一文。

他们认为，报纸所发表的拍摄于聚会现场的照片侵犯了当事人及其家庭生活隐私。有关私人生活的种种流言蜚语让他们感到不快。普通法观点认为，居所是个体的城堡，是不可攻破的。即使对执行法院命令的政府官员也不例外。如同谚语中所说，"风可进、雨可进，国王的军队不能进"。他们对于媒体对私人生活的细致勾画感到愤怒和不解，"难道法院在向官方机构关闭这座城堡的前门后，却要向懒散或淫欲的好奇心开启他们的后门吗？"[2]二人呼吁采取进一步的措施保障库利法官所称的"不被打扰的权利"。因为有失体面的流言就如同流言滋生的种子，与流传范围成正比，导致社会道德标准的降低。即使是看似无害的流言经传播也会变成强大的邪恶力量，引人堕落，"甚至泯灭民族的报复"。

沃伦和布兰代斯认为，当时已经存在的诽谤法并不能保障上述权利。成立诽谤罪须具有伤害他人交往的直接故意，其成就所需的条件致使难以给予人们充分的精神保护，"公开是否影响到一个人的自我评价以及自我感受，并不能成为诉讼的要素。"诽谤法给予的保护是物质性的，而非精神性的。法律仅保

---

[1] William L Prossor, "Privacy, California Law Review", *August*, Vol. 48, No. 3., 1960, p. 383.
[2] 转引自［美］唐·R. 彭伯著，张金玺、赵刚译：《大众传媒法》，中国人民大学出版社 2005 年版，第 256 页。

护有形财产的损失，而不承认情感伤害。即出于莽撞（wanton）和恶意（malicious）的合法行为所造成的精神伤害，不能依法获得赔偿（damnum absque injuria）。

但他们仍认为，这种缺失应当得到补救。他们试探性地提出可以从版权法和诽谤法中借鉴一些规则用于隐私权保护。[1]

沃伦和布兰代斯的这种思路有据可查，在隐私权诞生前至诞生后相当长的一段时间，人们的隐私需求一直被作为财产权的一个分支来保护。《隐私权》中引用了发生在1888年的一起肖像权案件。[2]案件有关一位摄影师为某妇女拍摄生活照后，以违反默示契约和保密责任为由被对方禁止展览或者出售上述照片副本。尽管被告律师认为拍摄者没有非法行为，因此对底片的使用不应受限制，但上述观点未得到法院认可。法院判决该案构成对契约和信托的违背。可见当时法院是从财产权的角度对该案进行判决的。

或许是因为在个人隐私尊严与社会公共利益间划出明确的界限以区分轻重非常艰难。沃伦和布兰代斯并没有在《隐私权》中给出隐私权的定义，只是引用库利法官给出的"不被干扰的权利"这一说法。与其说这是一个定义，不如说这是一种"描述"。人们并不能通过这种描述确定指出哪些权利属于隐私权的范畴，哪些不属于。尽管如此，这一里程碑式的文章还是开启了隐私作为一项人权为公众所接受的漫漫长路。《隐私权》最重要的贡献，并非讨论"隐私权是否存在"，而是告诉人们"有一种既已存在的权

---

〔1〕 ［美〕路易斯·D. 布兰代斯等著，宦盛奎译：《隐私权》，北京大学出版社2014年版，第5、7、9、28-34页。

〔2〕 Pollard v. Photographic Co., 40 Ch. Div 345（1888）.

利，即不被干扰的权利"。[1] 上述开创性的理论借鉴被写进历史。

或许正是因为隐私权缺乏一个能够完整概括其内涵的定义，使得后世的法学家得以根据不同时期的社会现实、法学理念和科技水平不断丰富对隐私权的理解。

美国隐私权的外延弹性较大，其作用类似于德国法对一般人格权的保护。[2] 目前，出自美国法院的隐私权判例涉及宪法、刑法、民法等多个部门法，包括非法进入私宅、非法使用他人肖像、非法公开强奸案件被害人姓名、性取向自由、堕胎权和非法公开他人信息等多个领域。在普通法国家，法官作出的判决可以成为其后类似案件的判决依据，法官在判决中对隐私权的诠释和理解其实成为一种立法的过程，尽管这一过程总是受政治因素的影响。[3]

目前中外学界普遍认为，美国是最早承认隐私权的国家。我国的张新宝[4]、王利明[5]、杨立新[6]、魏永征[7]、王泽鉴[8] 均认为，在古罗马法中并不存在隐私权的理论雏形。不同于其他民法观念和制度，隐私权并非来自大陆法系，而是萌发于美国。1890年，布兰代斯和沃伦率先提出隐私权的概念，并

---

〔1〕 ［美］弗农·瓦伦丁·帕尔默著，王盛雅译：《美国历史上隐私的三座里程碑》，载齐延平主编：《人权研究（第13卷）》，山东人民出版社2014年版，第332页。

〔2〕 林欣苑：《网络上隐私保护途径之分析》，东吴大学2003年硕士学位论文。

〔3〕 Edwin Borchard, "Supreme Court and Private Rights", *The Yale Law Journal*, Vol. 47，p. 1051.

〔4〕 张新宝：《隐私权的法律保护》，群众出版社2004年版，第37页。

〔5〕 王利明：《人格权法》，中国人民大学出版社2009年版，第144页。

〔6〕 杨立新主编：《类型侵权行为法研究》，人民法院出版社2006年版，第154页。

〔7〕 魏永征：《新闻传播法教程》，中国人民大学出版社2006年版，第190页。

〔8〕 王泽鉴：《人格权法》，北京大学出版社2013年版，第181–182页。

将这一权利定义为"免受外界干扰的、独处的"权利。在此之前，并没有前人系统地提出隐私权理论。

张民安在其著作《隐私权总论》中对隐私权源于美国的观点提出质疑。他认为隐私权这一概念最早出现在法国。因为曾参与法国宪法起草的法国人雅各宾·热罗姆·佩蒂翁·德·维尔纳夫（Jacobin Jérome Pétion de Villeneuve）在 1791 年曾主张保护私人生活不被打扰："鉴于新闻媒体的泛滥，法国法律要对他人的私生活予以保护，以防止新闻媒体对他人私人生活的侵犯。"张民安主张在 19 世纪中期，法国法律已经开始间接保护隐私权，早于美国。[1] 另外，学者皮耶 – 保罗·鲁瓦耶 – 克拉得（Pierre-Paul Royer-Collard）也曾在 1819 年提出过隐私保护问题。

展江和李兵专门撰写文章讨论隐私权的起源，驳斥上述观点。他们认为，如果单纯讨论隐私利益保护在学术讨论中的"出现"问题，美国和英国至少分别于 19 世纪早期和中期就出现过类似的学术观点，早于张民安提出的两位法国学者。他们还指出，"《隐私权》奠基性文献地位的确定不是以时间的先后为标准，而是以在法律界引起的深广影响为准"。法国学者对隐私权的论证有欠严谨，且对后世影响力不深。他们认为，"1804年法国民法典并未明确规定隐私权，也没有对人格权的一般规定"，[2] 因此，张民安的观点并不成立。

本书认为，沃伦和布兰代斯的成就是建立在对前人理论的

---

[1] 张民安主编：《隐私权的比较研究——法国、德国、美国及其他国家的隐私权》，中山大学出版社 2013 年版，第 5 页。

[2] 展江、李兵：《略论隐私权的法律起源——兼与张民安教授商榷》，载《新闻记者》2014 年第 7 期。

基础之上，这一点无可争议，但这并不影响《隐私权》对隐私权理论的奠基性作用。上述两位学者对于隐私权理论的贡献也不会因为并非首次提出而受到影响。

# 三、技术驱动下的美国隐私权立法

## （一）隐私权成文法的确立与发展

在美国，最早有关隐私保护的成文法诞生于 1903 年的纽约。由于纽约州上诉法院不愿意通过普通法解决"罗伯森诉罗切斯特折叠纸盒公司案"（Roberson v. Rochester Folding Box Co.）[1] 中的肖像使用纠纷，纽约州议会通过决议，在《纽约民权法》（New York Civil Rights Act）中第 51 条规定，"未经署名允许，任何个人或者企业不得基于广告或者商业目的使用生存者的姓名、肖像或者图像，否则构成轻罪"。[2]

真正意义上的隐私权成文法立法浪潮始于 20 世纪六七十年代，与信息性隐私权的产生同期。20 世纪中期开始，计算机被广泛用于美国的商务和政府资料收集领域，信息获取、存储和传播行为日益增多。为了保证美国《独立宣言》中确立的"人民主权"原则，实现美国人民对政府行为的监督和人民的知情权[3]，

---

〔1〕　64 N. E442（N. Y. 1902）.

〔2〕　N. Y. Civil Rights Act：No51.

〔3〕　"知情权"（right to know）最早由詹姆斯·麦迪逊在第一届美国国会上提出，美国法律中并没有关于知情权的明文规定，但这一理念深入人心。

美国于 1966 年出台《信息自由法》（The Freedom of Information
Act）。曾任美国司法部长的兰西·克拉克（Ryamse Clark）在该
法的备忘录中指明该法的核心理念，即"以信息公开为原则，
不公开为例外；信息获取权人人平等；如政府拒绝申请人公开
信息的请求，应负有举证义务且申请人有权向法院寻求救济；
等等"。[1] 该法案主要规制政府信息公开义务，并以保护个人隐
私为出发点规定，"依执法目的而搜集的信息可合理预见将构成
对个人隐私不当侵犯的"，或者法律所不允许公开的，政府部门
可以拒绝公开。"对于人事和医疗等类似信息的记录，其公开将
必然侵犯当事人隐私的"也可以拒绝公开。[2] 该法案几经修订，
其中以 1974 年的修正案最为重要，规定对含有不可公开信息的
公开文件采用"分离公开"原则，以及要求政府对于公开信息
的具体时间给出具体答复等要求。该法案创立的有关政府信息
公开的规则后来成为其他国家的立法参考。

　　作为对"博格案"（Berger v. New York）[3] 和"卡茨案"的
回应，1968 年，美国出台《综合犯罪控制和街道安全法》（Om-
nibus Crime Control and Safe Street Act），目的在于规范和治理利
用电子设备实施的窃听行为。1970 年的《公平信用报告法》
（The Fair Credit Reporting Act）建立了私营机关对信用信息的保
护制度。1973 年的《犯罪控制法》（Crime Control Act）将刑事

---

〔1〕 Herbert N. Foerstel, *Freedom of Information And The Right To Know*, Greenwood
Press, 1999.

〔2〕 "The Freedom of Information Act, 5 U. S. C. §552", see https://www. justice. gov/
oip/freedom-information-act-5-usc-552，最后访问日期：2024 年 3 月 24 日。

〔3〕 388 U. S. 41 (1967).

审判信息列入隐私保护的范围。1974 年的《家庭教育权利与隐私权法》（the Family Educational Rights and Privacy Act）主要针对保护学生和家长的个人信息。

1974 年的《隐私权法》（the Privacy Act）是美国行政法领域对隐私权保护的重要法规，详细规定了"机关"在处理"个人"相关"记录"时应当遵循的规则和程序。该法将"机关"定义为"联邦政府各行政部门、军事部门、政府创办的公司、政府控制的公司，包括总统执行机构在内的各行政机构"；"个人"则包括"美国公民或在美国依法享有永久居留权的外国人"；而"记录"则被界定为"为行政机关控制的记录集合"；"个人记录"被定义为"行政机关所掌握的根据其姓名或其他个人信息识别的单一信息或者信息组合"，所谓"其他个人信息"内容相当广泛，包括别名、照片、指纹、社会安全编号、护照编号和汽车执照编号等。个人记录涵盖个人教育经历、经济活动、医疗记录和工作简历等个人历史记载。《隐私权法》确立了5 条基本原则：其一，该法否定了行政机关保存涉密个人信息记录的权利；其二，对于行政机关记录的个人信息及其使用情况，法律赋予个人知情权；其三，为特定目的而收集的个人信息不得因其他事由使用，除非经本人许可；其四，法律赋予个体查询和要求行政机关纠正有关自己的个人信息记录的权利；其五，任何参与采集、保存、使用或传播个人信息的机构，必须承担预防信息滥用的义务，保证相关信息合理地用于既定目的。[1]

---

〔1〕 周健：《美国〈隐私权法〉与公民个人信息保护》，载《情报科学》2001 年第 6 期。

该法内容广泛、详尽，延续《信息自由法》的宗旨，对政府的行为提出限制。例如，该法详细列举了 12 种公开个人记录的例外情况，[1]即除此之外，行政机关不得随意公开个人信息。再比如，该法规定，个人有权知道政府是否掌握有关自己品性的记录，且有权要求获得副本。对于不准确，或者已经超过保存时效的信息，当事人有权要求行政机关及时删除。

限制政府隐私侵权行为的立法虽符合"人民主权"原则，但这种立法趋势增大了行政部门，特别是中央情报局和联邦调查局等情报机关的负担，因此导致行政部门的不满。

进入 20 世纪 80 年代，美国的信息政策转向保守。[2]1980年，《隐私权保护法》（The Privacy Protertion Act）出台，提出执法机关对报刊等媒体信息使用的规范。为解决新兴的电子计算机以及数字技术带来的新的隐私问题，美国国会于 1986 年制定《电子通讯隐私法》（the Electronic Communication Privacy Act）。而 1988 年的《电脑资料比对与隐私权保护法》（the Computer Matching Privacy Protection Act of 1988）主要保护有关电脑处理

---

〔1〕 ①为执行公务在机关内部使用个人记录；②根据《信息自由法》公开个人记录；③记录的使用目的与其制作目的相容、没有冲突，即所谓"常规使用"；④向人口普查局提供个人记录；⑤以不能识别出特定个人的形式，向其他机关提供作为统计研究之用的个人记录；⑥向国家档案局提供具有历史价值或其他特别意义值得长期保存的个人记录；⑦为了执法目的向其他机关提供个人记录；⑧在紧急情况下，为了某人的健康或安全而使用个人记录；⑨向国会及其委员会提供个人记录；⑩向总审计长及代表提供执行公务所需的个人记录；⑪根据法院的命令提供个人记录；⑫向消费者资信能力报道机构提供作为其他行政机关收取债务参考之用的个人记录。详见周健：《美国〈隐私权法〉与公民个人信息保护》，载《情报科学》2001 年第 6 期。

〔2〕 连志英：《美国信息自由法：从〈信息自由法令〉到〈电子信息自由法令〉》，载《档案学研究》2008 年第 5 期。

个人信息过程中的隐私保护问题；同年，美国还出台了《录像隐私保护法》（Video Privacy Protection Act 1988），规范录像产品在购买、租赁过程中涉及的客户隐私问题。《有线电视通讯政策法》（Cable Communications Policy Act）规定不得随意收集或者泄露有线电视用户的收视习惯。《儿童在线隐私保护法》（The Children's Online Privacy protection Act）规定，在收集 13 岁以下儿童的个人信息时，应先获取其家长的同意。

进入 20 世纪 90 年代，美国的信息政策再次转向公开。克林顿政府注重公民对政府行为的监督。计算机已在当时的美国社会逐步普及，政府部门纷纷改用计算机存储信息。1996 年，为满足新的社会形态下公众对信息处理速度和数量的需求，美国国会通过了《信息自由法》的又一个修正案，该法案被称为"电子信息自由法"（Electronic Freedom of Information Act）。该法案对政府信息公开的广度、处理速度和规范流程提出了更高且更明确的要求，明确规定政府需通过更加透明、快捷的信息渠道——互联网向公众提供公开信息，这充分反映了电子计算机和互联网技术的出现对人们的信息需求的影响。[1]

1996 年出台的《通讯法》（Telecommunication Act）规定电讯业务经营者有义务为用户财产信息保密。1998 年美国通过了《儿童在线隐私保护法》，目的是保护儿童在线隐私。1999 年的《财务现代化法》（Gtamm-Leach-Bliley Act）要求金融机构承担保护客户财产隐私的义务。

---

〔1〕 Public Law No：104－231，see https：//www.govinfo.gov/app/details/PLAW－104p ubl231/summary，最后访问日期：2024 年 3 月 26 日。

　　"9·11"事件发生后仅一个月，美国出台了《美国爱国者法案》（The USA Patriot Act of 2001），意在"使用适当之手段阻止或避免恐怖主义，以整合并强化美国的法律"。这一匆忙推行的立法缺乏充分的立法论证过程，其中多个条款对公众隐私构成威胁，因此引发争议。[1]例如，该法案第215条允许行政部门在无合理嫌疑且公民不知情的情况下获取医疗机构、教育机构、银行和信用机构以及图书馆所保存的公民个人信息；第203条规定执法部门可以不经司法审查获得与美国公民有关的敏感信息，并将有关刑案调查内容与国防部、情报机关、国土安全机关等行政部门共享；第206条免除了对监听、监视行为的令状要求，允许对个人的通话及互联网通话进行追踪窃听（Roving Surveillance）；第209条允许使用普通令状扣押声音邮件。或许是因为饱受争议，美国政府并没有将《美国爱国者法案》定位为永久性法律。美国前总统布什和奥巴马分别于2006年和2011年签署延长《美国爱国者法案》的法案。2015年5月31日，该法案正式失效。[2]

　　美国国会2000年和2003年先后通过《反垃圾邮件法案》（Unsolicited Commercial Electronic Mail Act）和《控制非经请求的色情和产品推销邮件法》（Controlling the Assault of Non-Solicited Pornography and Marketing Act），主要对商业邮件行为作出规定，给予收件人是否继续接收该发件人电子邮件的选择权，并明确

---

〔1〕　智妍：《9·11事件后美国反恐立法分析——以〈美国爱国者法案〉为例》，载《法制与社会》2009年第33期。

〔2〕　《〈爱国者法案〉失效，美国国安局已丧失监控权》，载http://www.guancha.cn/america/2015_06_01_321656.shtml，最后访问日期：2015年6月1日。

了违反上述规定可能面临的刑事处罚。

2000年，《儿童在线隐私保护法》获得通过。该法规定，网络服务供应商在向13岁以下儿童获取个人资料时须征得其监护人同意。

美国国会于2002年通过《国土安全法》（The Homeland Security Act），并依据此法成立专门的隐私安全办公室以解决可能涉及的隐私问题。2004年，美国国会又通过了《情报改革与反恐法案》（The Intelligence Reform and Terrorism Prevention Act），意在"营造信息分享的文化氛围"，要求各情报机构在最大程度上共享手中情报。2005年，《真实身份法案》（The Real ID Act）在没有任何争议的情况下获得通过，它规定驾驶员必须通过真实身份取得驾驶执照，这些信息将在联邦各州共享。不具备真实身份的个人将无法进入联邦政府各大楼，无法登机或开立银行账户。2003年，国会还通过了《公平准确信用交易法》（The Fair and Accurate Credit Transactions Act），以防止盗窃信用卡身份。

1787年《美国宪法》中没有关于隐私权的规定。即使对于最为崇尚自由、民主的美国而言，将一项全新的权利纳入被称为万法之王的宪法之中也绝非易事。"自由的内涵总是在不断地受到挑战，自由始终是一个充满了辩论、分歧和斗争的故事。"[1]隐私权在美国的"入宪"过程就是如此。

美国宪法共有27条修正案，其中前10条被称为《权利法

---

〔1〕〔美〕埃里克·方纳著，王希译：《美国自由的故事》，商务印书馆2002年版，序言。

案》，虽言语简练，却明确了言论自由、宗教信仰自由、集会自由、免于不合理的搜查与扣押、正当程序、禁止逼供和禁止非法剥夺私产等基本权利。其中，最常在隐私权案件中引用的是第四、第五修正案。美国宪法第四修正案原本的立法意图在于限制政府官员在无令状的情况下任意搜查公民的人身或者住宅："公民的人身、住宅、文件和财产不受无理搜查和扣押的权利，不得侵犯。除依照合理根据，以宣誓或代誓宣言保证，并具体说明搜查地点和扣押的人或物，不得发出搜查和扣押状。"[1]

这一规定符合 19 世纪末至 20 世纪初的美国社会对隐私的需求。经历工业革命后，美国逐步走向工业化和城市化，人们对于私有财产和自尊有了更高的需求。美国宪法第四修正案顺理成章地成为人们保护物理空间隐私权的法律依据。

美国宪法第五修正案规定，"无论何人，除非根据大陪审团的报告或起诉书，不受死罪或其他重罪的审判，但发生在陆、海军中或发生于战时或出现公共危险时服役的民兵中的案件除外；任何人不得因同一犯罪行为而两次遭受生命或身体的危害；不得在任何刑事案件中被迫自证其罪；不经正当法律程序，不得被剥夺生命、自由或财产；不给予公平赔偿，私有财产不得充作公用。"该修正案中不得自证其罪的规定，通常成为隐私权案例中排除非法搜查和扣押所取得的证据的依据。例如，"博伊德案"中，美国政府依据海关税收法指控博伊德公司逃税。审

---

〔1〕 "The right of the people to be secure in their persons, houses, papers, and effects, against unreasonable searches and seizures, shall not be violated, and no Warrants shall issue, but upon PROBABLE CAUSE, supported by Oath or affirmation, and particularly describing the place to be searched, and the persons or things to be seized."

判过程中，检察官申请法院强制要求被告提交可能自证其罪的证据。此举最终被判决违宪，而提交证据的命令，也构成美国宪法第四修正案中的"对文件的不合理扣押"。

直到1965年的"格瑞斯伍德诉康涅狄格州案"，美国联邦最高法院才承认宪法对隐私权的保护，这比成文法和普通法晚了半个多世纪，同时将宪法对隐私权的保护延展至第十四修正案。本案上诉人之一格瑞斯伍德是康涅狄格州的一名执业医师，同时也是该州规划父母联盟的执行官和医务主任，他和另一上诉人李·布克斯通因向已婚者提供避孕指导和相关信息，依康州限制使用药物避孕的相关法律被判有罪并被判处罚金。上诉法庭确认了上述控告。上诉人认为上述法律规定违反美国宪法第十四修正案[1]，将此案上诉至联邦最高法院。

大法官道格拉斯（Douglas）代表法庭发表意见认为，宪法承认婚姻属于私密关系。通过将此案与"皮尔斯诉姐妹协会案"（Pierce v. Society of Sisters）、"迈普诉俄亥俄案"（Mapp v. Ohio），"布莱德诉亚历山德里亚案"（Breard v. Alexandria）等诸多相关案例的比较分析，道格拉斯法官勾画了隐私权的边界问题，认为除了《权利法案》中明文规定的权利外，宪法还保护一些"外围权利"（Penumbra），例如，结社自由就属于言论自由的外围权利。而隐私权就属于美国宪法第四、第五修正案的外围权利，应当受到宪法的保护。此案涉及的是婚姻

---

〔1〕 该修正案涉及多种公民权利。其中第一款规定，所有在合众国出生或归化合众国并受其管辖的人，都是合众国的和他们居住州的公民；任何一州，都不得制定或实施限制合众国公民的特权或豁免权的法律；不经正当法律程序，不得剥夺任何人的生命、自由或财产；在州管辖范围内，也不得拒绝给予任何人以平等法律保护。

关系及已婚者住所这一神圣而敏感的领域，已婚者的卧室不应被允许遭受警察基于上述法律进行的搜查和干涉。本案所涉及法律禁止使用避孕工具的做法不符合"政府依据州法律保护和控制或阻止某项活动时，不得采取不必要的、过广地侵犯受保护的自由权利的手段"[1]，规定禁止使用避孕工具的州法律与公民的婚姻隐私相抵触。

道格拉斯法官创造性地引用"外围权利"，利用其对美国宪法第四、第五修正案进行扩大解释，从而将隐私权纳入宪法保护范围内，这一贡献使得美国法律对隐私权的保护上升至最高层次。

### （二）数字化与个人信息保护需求的崛起

有研究者认为，"隐私是一种高度依附社会不同时空形态而转化的概念，亦即在同一时代的不同地域或同一地域的不同时间，隐私概念常会呈现出多元的认识"。[2]美国学者惠特曼（Whitman）认为，欧洲人的隐私观强于美国人。隐私对于欧洲人来讲是人格尊严和个人形象问题，[3]而对于美国人来说，隐私

---

〔1〕　〔美〕阿丽塔·L.艾伦、理查德·C.托克音顿著，冯建妹等编译：《美国隐私法：学说、判例与立法》，中国民主法制出版社2004年版，第30页。

〔2〕　徐亮：《论隐私权》，武汉大学2005年博士学位论文。

〔3〕　支持这种观点的西方学者很多，详见：James Q. Whitman，"The Two Western Cultures of Privacy：Dignity Versus Liberty"，*Yale Law Journal April*，2004，113 Yale L. J. 1151；Matthew A. Chivvis，"Consent to Monitoring of Electronic Communications of Employees as An Aspect of Liberty And Dignity：Looking to Europe，Fordham Intellectual Property"，*Media and Entertainment Law Journal Spring* 2009 19 *Fordham Intell. Prop. Media & Ent. L. J. 799*；Avner Levin，Mary Jo Nicholson，"Privacy Law in the United States"，*the EU and Canada：The Allure of the Middle Ground University of Ottawa Law & Technology Journal*，2005，2 U. Ottawa L. & Tech. J. 357.

侧重于保护没有政府侵权的自由状态。[1]加拿大学者艾福钠（Avner）和尼克森（Nicholson）认同这种观点，他们认为美国对隐私权的保护弱于欧洲，因为两者的司法观念对于隐私的理解不同：欧洲人所认同的隐私观念的核心在于不在公众面前丧失颜面和自尊，而美国人更加注重在私人住所范围内所享有的完全的自由。[2]

从一些典型案例的判决中，我们可以窥见美国人对于"自由城堡"的执念。例如，审理"美国诉维特菲尔德案"（United States v. Whitfield）[3]的法官认为，根据"共同使用和平等进入原则"[4]，父母有权授权对成人子女房间的搜查，但这种搜查不及于房间内的私人物品和衣物，因为他们不属于共同使用的范围。如果警察未搞清楚物品是否为共同使用范围即执行搜查，则该行为是违法的。

而著名的"大仲马案"（Alexandre Dumas père）[5]则是欧洲

---

〔1〕 ［美］詹姆士·Q.惠特曼著，蔡雅智译：《西方的两种隐私文化：人格尊严和自由》，载张民安主编：《隐私权的比较研究——法国、德国、美国及其他国家的隐私权》，中山大学出版社2013年版，第349、353页。

〔2〕 Avner Levin, Mary Jo Nicholson, "Privacy Law in the United States, the EU and Canada: The Allure of the Middle Ground", *Uuniversity of Ottawa law & Technology Journal*, Vol. 2, No. 2., 2005, p. 357.

〔3〕 United States v. Whitfield, 939 F. 2d 1071 (D. C. Cir. 1991).

〔4〕 该原则确立于 United States v. Rith (164 F. 3d 1323 ［10th Cir. 1999]) 一案。该案中，警方为搜查非法武器请求 Rith 的父亲配合。父亲向警察提供了一个居住的钥匙，允许他们搜查非法武器，并指出他不想在搜查期间出现。尽管 Rith 反对搜查家庭，法院认定儿子无权撤销其父亲作出的同意第三方搜查的许诺。法庭认为，尽管搜查期间仅有 18 岁的儿子一人在家，但父母双方同意警察搜查家庭住所（包括儿子的房间）的表示有效。儿子在搜查时表示拒绝，但法庭认为儿子的反对并不能使得其父母的同意无效。影响同意效力的因素有：父母与子女的关系、事前的关于禁止进入子女房间的协议以及租房协议或者租金的缺失。

〔5〕 CA Paris, May25, 1867, 13 A. P. I. A. L. 247 (1867). at 250.

隐私观念的典型体现。1867 年，大仲马与美国性感女演员埃达·艾萨克斯·门肯（Adah Isaacs Menken）相恋。摄影师阿方斯·J. 利贝尔（Alphonse J. Liebert）曾为他们拍摄一组穿着暴露的照片，其后利贝尔成功申请到大部分照片的专属版权，获政府允许公开照片。由于大仲马父子均是闻名世界的作家，利贝尔私自出售照片后引爆世界性丑闻。大仲马提起诉讼，巴黎上诉法院判决承认大仲马对照片享有隐私利益，并采纳 1819 年皮耶‐保罗·鲁瓦耶‐克拉得教授提出的观点。他认为，法律对个人私生活的保护应当区别于其他事务。如果报道内容涉及私人生活，即便内容属实，仍然需要遵守一定的规则，不能随意曝光。在他看来，个体有时会"忘记了维护自己的尊严"，因此，个体有权收回先前给出的、同意公开个人信息的许可。[1]此案最终判决由大仲马本人购买这些照片版权以防止照片外传。

　　相比于美国人，欧洲人对人权的理解更靠近人权范围。因此欧洲人的隐私需求的出现并不以保护财产权的需求为前提。这也是法国在工业革命前即出现涉及隐私保护的法律条款的原因之一。1791 年《法国宪法》第五章第 17 条规定，"不得以诽谤或侮辱的形式侵犯他人私人生活"，这是法国法律中第一次出现保护"平民的私人生活"的内容。

　　本书认为，政治体制也是影响欧洲人隐私观念的原因之一。时至今日，英国、卢森堡、挪威、瑞典、西班牙、丹麦、荷兰、

---

〔1〕　Ames Q. Whitman，"The Two Western Cultures Of Privacy：Dignity Versus Liberty"，*Yale Law Journal*，April 2004，113 Yale L. J. 1151. 转引自黄海蛟：《〈欧洲人权公约〉第 8 条及判例对隐私权的保护》，中国政法大学 2010 年硕士学位论文。

比利时和摩纳哥等国家仍保留君主制，贵族与平民的观念仍然深入人心，世袭的爵位沿用至今，"体面"和"优雅"的生活是许多欧洲人一生的追求。美国的建立就是源于一部分欧洲人对于自由、平等的向往，因此美国人所追求的是不被约束的"自主"生活状态。

对于欧洲社会而言，人与人的交往是建立在相互尊重的基础上的。欧洲历史远比美国悠久，其完整的礼节制度对不同身份、地位的个体在社会交往过程中的言辞、行为给出了明确指引。例如，《查士丁尼法典》就有关于"传播贵妇生活放荡的流言将受到刑罚"的规定。[1]因此，欧洲社会对于未遵守"礼节"的现象的容忍程度也很低。在美国社会常见的谈资，[2]例如，薪资问题、年龄问题和健康问题，在欧洲人看来简直不可理解。[3]

另一个影响欧洲人隐私观念的因素是欧洲独特的历史背景。二战期间，德国纳粹利用电脑从人口普查数据中筛查犹太人的个人信息，从而准确、迅速地抓捕、迫害犹太人。为了防止历史重演，欧洲大陆在二战之后掀起了个人信息保护的立法浪潮。

伴随着美、苏进一步崛起，世界政治呈现出新的格局，英、法、德等欧洲传统强国在政治和经济领域都面临来自美、苏两国的冲击和挑战。为了寻求和平时局以换来经济发展，从而摆

---

〔1〕　James Q. Whitman, "The Two Western Cultures Of Privacy: Dignity Versus Liberty", *Yale Law Journal*, April, 2004, 113 Yale L. J. 1151.

〔2〕　笔者在 2012 年法国大选期间曾负责调查在华法国人投票的一项新闻选题，该选题因为多数受访法国人以"此问题涉及个人隐私"为由而拒绝受访最终被搁置。

〔3〕　[美]詹姆士·Q.惠特曼著，蔡雅智译：《西方的两种隐私文化：人格尊严和自由》，载张民安主编：《隐私权的比较研究——法国、德国、美国及其他国家的隐私权》，中山大学出版社 2013 年版，第 349、353 页。

脱美、苏的牵制,欧洲各国开始结盟。例如,法国、西德、意大利、荷兰、比利时和卢森堡六国于 1952 年组建欧洲煤钢共同体,于 1958 年建立欧洲经济共同体和欧洲原子能共同体。[1]与此同时,欧洲各国在经历过二战的摧残后认识到人权保障和建立统一的人权保护体系的重要性[2]。

《欧洲人权公约》(the European Convention for the Protection of Human Rights and Fundamental Freedoms) 生效于 1953 年 9 月 3 日。作为第一部区域性国际人权公约,《欧洲人权公约》晚于美国《独立宣言》和《权利法案》百余年,对人类基本权利的理解和诠释更加明确、具体和完整。其中第 8 条[3]涉及对隐私权的保护:

> 1. 人人享有其私人和家庭生活、住所和通信受到尊重的权利。
>
> 2. 公权机构不得干涉上述权利的行使,但是依照法律及在民主社会中为了国家安全、公共安全或国家的经济福利的利益,为了预防混乱或犯罪、为了保护民众健康或道

---

〔1〕　1967 年,这六国签署《布鲁塞尔条约》将前述三个共同体合并为欧洲共同体。此后欧洲共同体几次扩员,1993 年更名为欧洲联盟,现有 28 个成员国。

〔2〕　Mark W. Janis ET AL., *European Human Rights Law*: *Text and Materials*, Oxford University Press, 2000, p. 16 .

〔3〕　The European Convention for the Protection of Human Rights and Fundamental Freedoms, Article 8: 1. Everyone has the right to respect for his private and family life, his home and his correspondence. 2. There shall be no interference by a public authority with the exercise of this right except such as is in accordance with the law and is necessary in a democratic society in the interests of national security, public safety or the economic well-being of the country, for the prevention of disorder or crime, for the protection of health or morals, or for the protection of the rights and freedoms of others.

德风尚、或是为了保护他人的权利与自由的必要而进行干预者，不在此限。

在欧洲人权法院的判决实践中，第 8 条所涉内容涉及肖像权、身体权和名誉权等多种个人信息不受非法公开的权利，其立法目的不局限于普通人格权保护，更重要的是对自由意志和信息自治权利的保护。该法条保护的是公民在社会生活中所享有的被尊重的权利和对抗来自社会上的他者的恶意侮辱和轻视的权利。

《欧洲人权公约》本身具有宪法保护性质，人权法院所作判决不仅对当事国有即时的约束力，当事国法院在该国后续审理时也要遵循人权法院的判决结果。但欧洲人权法院内部并不遵循"先例"制度，时间在后的判决并无须受先例限制。不过在实践中，在先的判决对《欧洲人权公约》条文所做的理解和论述仍对后续判决有着重要的参考价值。欧洲人权法院对于代表性案件、后续必然反复出现的新的类型化案件所做出的判决代表着欧洲最高水平的、最新的法学理念，对欧洲乃至世界法学理论的发展有着重要的意义。

故此，美欧对于隐私的权利定位呈现出隐私权和个人信息权两种形态，二者的差异主要体现在如下几个方面：

第一，两者的保护理念存在差异。美国并未把隐私权列为基本人权，因此在实践中经常出现诸如为了国土安全的原因而牺牲公民隐私的情况。而隐私权在欧洲被视为基本人权，它高于诸多其他利益，对于个人信息的保护工作在欧洲具有至高地位。

第二，美欧在立法模式上存在差异。美国对于隐私的保护立法散见于各行业规则、各部门法之中，属于分类保护模式。而欧洲则践行统一保护。例如，美国将限制敏感信息收集行为的立法任务交于行业法，而欧盟"指令要求成员国必须制止收集此类信息的行为，除非得到数据主体同意"。[1]

第三，两者对隐私保护的侧重点不同。美国的隐私强调的是个体的独立性以及个体不愿被打扰的个人意愿，欧洲对于个人信息的保护则强调通过限制对个人信息的查找避免个人人格尊严或者公众形象受损。

第四，美欧对于隐私内涵的界定不同。美国的隐私包括信息隐私、空间隐私和私生活，而欧洲的个人信息概念多数情况仅指信息和信息的集合。

第五，两者保护的方式不同。隐私保护是一种消极保护，追求"不被打扰"，而个人信息保护是一种积极保护，强调个人对自己相关信息的控制权。[2]

同其他法律一样，美国和欧洲各国对于隐私保护的立法选择及其转变都受到各个时期的社会格局、科学技术和经济发展需要等因素的影响，具有很强的政治色彩。

20 世纪六七十年代，计算机技术取得突破性发展，信息革命随之而来，欧洲各国也意识到数据保护立法的重要性。德国率先推行世界上第一部数据保护成文法，[3]法国、荷兰、瑞典

---

〔1〕　党玺：《欧洲与美国隐私保护法律冲突的解决路径》，载《中国社会科学院研究生院学报》2015 年第 1 期。

〔2〕　石静霞、张舵：《从欧洲法院承认"被遗忘权"的判决看个人信息保护》，载《中国信息安全》2014 年第 11 期。

〔3〕　刘敏敏：《欧盟〈个人数据保护指令〉的改革及启示》，西南政法大学 2014 年硕士学位论文。

和比利时等国紧随其后。

进入20世纪80年代，数据的跨境流动日益频繁，欧洲议会于1981年通过了世界上第一个个人数据保护国际公约——《保护自动化处理个人数据公约》（Convention for the Protection of Individuals regard to the Automatic Processing of Personal Data）。[1]该公约旨在界定个人在自动化处理个人数据行为中的权利边界，以保护其基本人权，特别是隐私权。该公约不仅界定了"个人数据""自动数据文档""自动处理""档案控制者"等基本概念，更对签约国的基本义务提出具体规定。例如，该公约规定"对于个人数据的自动化处理应该合理、合法"，"数据的存储须基于明确且合法的目的，且须保证相关数据不被用于其他目的"，"所存储的数据应该准确、必要，且保证及时更新"，"所存储的数据以适量、相关、不超过所需为限"，"所存储的数据的保存期限不得长于信息主体的授权"。

20世纪90年代，随着欧盟的成立，欧洲各国统一数据保护法的呼声日趋高涨。经过长时间的磋商和谈判，欧盟最终在1995年10月24日通过了欧盟指令（即《数据保护指令》，又称"95指令"，它是欧盟国家个人数据保护的最低标准，全名为Proposal for a Council Directive concerning the protection of individuals in relation to the processing of personal data），其中第二十五章明确要求，对于在欧盟内部收集的个人数据，成员国传输至第三国后仍受欧盟保护，第三国必须承诺对这些数据给予充分保

---

〔1〕 Graham Pearce, Nicholas Platten, "Achieving Personal Data Protection in the European Union", *Journal of Common Market Studies*, Vol. 36, No. 4., Dec 1998, p. 532.

护。而美国并无类似规定。

该指令是欧洲数据战略的核心，旨在"让成员国接受与个人数据有关的保护隐私和个人自由的共同标准，同时避免个人数据在成员国间流动时遭到不当干扰"，[1]其奉行的统一保护模式以专门的数据保护机构做后盾，得以对成员国的个人数据实现强有力且统一一致的保护。

然而，进入 21 世纪以后，互联网和数字技术的飞跃式发展将该指令的滞后性缺点暴露无遗，其过度死板的规定不仅提高了商业实体的运营成本，更满足不了"9·11"事件后欧洲各国为保护国土安全所需要的大量个人数据。

欧洲同美国在隐私保护观念和立法上的巨大差异使得他们在数据传输领域分歧不断。作为当时世界上第一和第二大经济体，美国和欧洲都不愿放弃对方丰富的个人数据资源，几经磋商和谈判，双方在有限的领域内达成了一致，以确保合作可以继续。2000 年 12 月通过的《安全港协议》（Safe Harbor）是美国商业部和欧洲联盟联合签署的用于调整美国企业出口以及处理欧洲公民的个人数据的双边协议，主要包括知情原则（Notice）、选择原则（Choice）、向第三方转移原则（Onward Transfer）、安全原则（Security）、资料品质原则（Data Integrity）、参与原则（Access）和救济原则（Enforcement）。这些规定以欧盟"95 指令"为蓝本，对于欧盟个人信息向美国流动的整个过程中的诸多细节给出详细规定，赋予位于欧洲的信息主体对信息

---

〔1〕 任晓玲：《个人数据保护立法推动技术创新——欧盟拟修订〈数据保护指令〉》，载《中国发明与专利》2011 年第 1 期。

的充分掌控权，同时也使得选择加入该协议的美国公司有机会获取所需的欧洲个人信息。

2015年10月6日，欧洲法院裁定《安全港协议》无效。自此，美国网络公司不能继续将在欧洲收集到的欧洲用户数据传回美国进行分析、储存。[1]《安全港协议》失效后，超过4500家美国公司在欧洲的发展受限。随着数据安全门槛的提高，谷歌、Facebook等大型科技企业在欧洲市场的运营成本直接升高，中小企业甚至失去了在欧洲创业的机会。有学者认为，这一协议的失效为全球范围内数据政策的重新洗牌拉开了序幕，"世界其他各国的政策制定和执法保障必然作出相应回应，隐私保护将被越来越多地纳入公共利益的范畴"。2016年，欧盟委员会和美国就跨大西洋数据流的新框架达成新协议——"欧盟－美国隐私护盾"（EU－US Privacy Shield）。新协议要求美国公司对欧洲公民的个人数据负担更高的保护义务，由美国商务部和联邦贸易委员会（Federal Trade Commission，FTC）加强监管和执法，并加强与欧洲数据保护机构的合作。美国承诺，有关欧洲公民的个人数据的传输会受到条件明确的限制和监督，欧洲公民有权对此提出询问或投诉。[2]

数据政策的差异是美、欧两地区的数据产业发展的晴雨表，相对宽松的数据规范使美国获取巨大经济收益。经过十余年的发

---

〔1〕 《欧洲法院宣判欧美〈安全港协议〉无效，在欧美企将受影响》，载 http://gb. cri. cn/42071/2015/10/08/8011s5124252. html，最后访问日期：2015年10月8日。

〔2〕 "The European Commission and the United States have agreed on a new framework for transatlantic data flows: the EU-US Privacy Shield. European Commission"，see http://ec. europa. eu/commission/presscorner/detail/en/IP_16_216，最后访问日期：2024年3月8日。

展，现有的数据政策已不能应对大数据、云计算、移动互联网等新兴科技所带来的新的隐私风险，而陈旧的数据政策严重阻碍跨境数据流动在欧洲的发展。2008 年全球性经济危机爆发后，欧洲多个国家的经济出现严重危机。在此情况下，大力发展极具经济潜力的数字产业成为欧盟走出经济困顿的选择之一。[1]因此需要通过政策调整限制美国互联网公司在欧洲的发展步伐，从而给欧洲本土公司发展机会。2010 年起，欧盟开始着手修改数据指令。2015 年 12 月 15 日，欧盟执委会（European Commission）通过了《一般数据保护条例》（General Data Protection Regulation，简称 GDPR），该条例于 2018 年起正式施行。

GDPR 被称为史上最严格的数据保护规则，主要内容如下："违反该条例的企业最高面临公司全球营业额的 4% 的罚金"，对于谷歌、微软这样的超大企业，这一数字将达几十亿美元之巨；"数据泄露的责任扩大到数据控制方使用的任意数据处理方"，该条将限制云服务在欧洲的发展；"承认被遗忘权"，这将迫使谷歌等网络巨头投入大量人力、物力以应对欧洲用户的删除请求；"要求大量收集用户信息的企业设立数据保护专员"；"要求公司和机构第一时间向国家监管机构通报数据泄露事件"；"依照各国规定，未满一定年龄的儿童用户须经父母同意方可使用社交网络"；"设立数据保护投诉的一站式监管机构"；"确保用户改变服务商时能够自由携带个人数据"。

欧洲议会在官方声明中对该法案大加赞扬，认为这是"将

---

〔1〕 《欧盟指出，数字产业或将带领欧洲走出危机》，载 http://www.china.com.cn/news/tech/2009 –08/06/content_18288090.htm，最后访问日期：2009 年 8 月 6 日。

公民个人数据的控制权交还到公民手中"。事实上，这种严格的法规规定并不能改变全球信息化和信息产业的发展趋势。相反，过于严格的信息政策不仅会减弱谷歌、微软等信息产业巨头投身于欧洲市场的热情，还将抑制原本就相对弱小的欧洲信息产业的发展，使欧洲在此领域更加孤立，甚至失去整体竞争力。[1]

### （三）从被遗忘权到删除权

"不被打扰"的隐私利益可以通过限制他人接触来实现。例如，物理空间的隐私利益可以通过限制他人进入来实现；肖像权、姓名权中的隐私利益可以通过限制他人使用来实现。依照这个逻辑，对于信息性隐私权，权利主体当然要通过限制信息的发布和传播以防止他人对特定信息的接触。

以往，人们对于信息的记忆会随着时间的流逝慢慢沉淀、淡忘，即使有意搜寻也要在图书馆里埋头数日、数月乃至更久的时间。而互联网的出现改变了人类对于信息的存储和搜索模式。在搜索引擎的帮助下，如今人们只需动动手指就能瞬间得到自己需要的信息。在此背景下，如果信息主体不能成功阻止信息的"上载"，则对个人信息的控制权就只能通过使信息"下线"来实现。

众所周知，能被人类大脑清晰记忆的信息是有限的。人类的记忆存在一个遗忘曲线，多数信息会随着时间的流逝被大脑遗忘。

---

〔1〕《欧盟最终通过严苛的数据保护新规定》，载 http://mt.sohu.com/20151217/n431657865.shtml，最后访问日期：2015 年 12 月 17 日。

除此之外，大脑对令人不快的信息会进行选择性遗忘。维克托·迈尔－舍恩伯格（Viktor Mayer-Schonberger）在其著作《删除：大数据取舍之道》中指出："通过模糊了外部记忆的社会遗忘机制，我们的社会能够接受随着时间不断发展的人们，因此我们才有能力从过去的经历中吸取教训，并不断调整我们的行为以融入未来的社会。"[1]而电子计算机和互联网的出现，颠覆了以遗忘为常态的记忆模式。信息一旦上传至互联网，将被永久保存，记忆就成了常态。可以说，"互联网记录着一切且从不忘记"。[2]

　　如同谷歌这样的搜索引擎，剥夺了人们忘记伤痛的权利。早在 2014 年就有调查显示：欧洲每天有 2.5 亿人，即欧洲人口总数的约 1/3，使用互联网。上述人群的 75% 支持删除个人信息，24% 的用户认为他们的个人信息应当在结束使用网站后被删除。[3]

　　而删除真的那么容易吗？2004 年 12 月 12 日，来自美国新泽西州的 19 岁男孩盖瑞将一段他随着 0－zero 乐队的罗马尼亚文歌曲《菩提树下之恋》跳舞并对口型唱歌的搞笑视频上传至网络。视频中的盖瑞忘情地对着相机起舞并摆动双臂，他把这一坐在椅子上完成的动作起名为"怒马怒马舞"。这首歌的歌词简单好记，盖瑞的舞蹈动作夸张搞笑，该视频几乎在一夜间红

---

〔1〕　［英］维克托·迈尔－舍恩伯格著，袁杰译：《删除：大数据取舍之道》，浙江人民出版社 2013 年版，第 21 页。

〔2〕　Jeffrey Rosen, "The right to be forgotten", *Stanford law review online*, No. 64, 2012, p. 88.

〔3〕　"Attitudes on Data Protection and Electronic Identity in the European Union" [EB/OL],（2011－06－16），see http://ec. europa. eu /public_ opinion /archives /ebs/ ebs_359_ en. pdf, 最后访问日期：2014 年 10 月 15 日。

遍美国，被下载超过 200 万次。而在"早安美国""今夜脱口秀"等王牌栏目播出这一视频后，其网络下载量更突破 700 万。当时，一张"白金"唱片的销量也不过 100 万，盖瑞的视频使他一夜间成为家喻户晓的名人，但年少的盖瑞很快厌倦了名人光环。《纽约时报》报道称，他在爆火不过十周之后即逃至亲戚家的偏远小屋寻求安静。对于许多人来说，19 岁的晦涩青春会慢慢消散在时光里，而盖瑞的"怒马怒马舞"至今仍被保存在许多视频网站和粉丝的电脑硬盘里。幸运的是，当盖瑞 2007 年再次出现在公众视野中时已经有专业的音乐团队为他制作优质的视频。他不再会为此感到难堪了。

无独有偶，互联网和移动互联网的出现在世界各地成就了数以万计的网络红人，罗某凤就是其中一员。2008 年，23 岁的罗某凤只身前往上海。为了生存，她曾发过上万份简历。2009 年 10 月，罗某凤开始在上海金融中心陆家嘴发放征婚广告，世俗观念里相貌平平、一无所有的她总结了 7 条征婚要求："必须哈佛大学硕士毕业、经济学专业、有国际视野、身高 1.76 米至 1.83 米、无生育历史、东部沿海户籍、年龄 25 至 28 岁"。此事一经媒体报道瞬间成为举国热议的新闻。网民对罗某凤提出种种质疑和嘲讽，戏称其为"凤姐"。面对媒体，罗某凤用"9 岁起博览群书，20 岁达到顶峰，智商前 300 年后 300 年无人能及"等夸张语录包装自己，再次成功吸引眼球。其后，罗某凤先后拍摄洗发水广告，并参加《花儿朵朵》等热门电视节目。2010 年，罗某凤发表博文称"我到达美国"，并表示希望开始新的生活，不打算再回中国，舆论一片哗然。

2011 年年末，笔者在美国留学期间曾与罗某凤在纽约地铁偶遇。彼时的她低头快走，仍然被周围的华人发现并围观。罗某凤马上从包中拿出报纸遮住脸，将身体蜷缩在角落里以防止周围人拍照，并声嘶力竭地喊道："能不能让我安静一会儿？我只是想过普通人的生活！"可见，即便是曾主动炒话题、博眼球的人，也会渴望私生活的宁静。

之后，罗某凤并没有再主动发布过信息，但有关"凤姐"的新闻至今仍未被网络遗忘。正如吉尔摩等人所说，"不同于诽谤，隐私（是否受侵犯）不依赖于他人对于你的看法是否有可能改变，而是基于由此将导致你对自身的感觉如何。隐私是一个关于自尊的问题"[1]。

2014 年 5 月 13 日，欧洲法院对全球首例被遗忘权案件"冈萨雷斯案"作出判决。2010 年 3 月 5 日，西班牙籍公民马里奥·格斯蒂亚·冈萨雷斯基于如下事实向西班牙数据保护机构（AEPD）起诉一家西班牙报社以及谷歌西班牙分公司和谷歌公司：冈萨雷斯在谷歌搜索输入其名字，可以获得上述报社于 1998 年 1 月 19 日和 1998 年 3 月 9 日发表的有关其因无力偿还债务而遭法院强制拍卖其名下不动产的新闻报道的相关链接。事实上，冈萨雷斯的个人危机已在多年前解决，他已经摆脱了破产的经济状况。而网络上的搜索结果却仍然对其造成负面影响。冈萨雷斯提出两点诉讼请求：其一，该报纸将此网页移除或者更改报道内容；其二，谷歌移除或者隐藏上述个人数据的链接，以免搜索结果中出现指向该新闻报道的链接。

---

〔1〕〔美〕唐纳德·M. 吉尔摩、杰罗姆·A. 巴龙、托德·F. 西蒙著，梁宁等译：《美国大众传播法：判例评析（上册）》，清华大学出版社 2002 年版，第 228 页。

AEPD 驳回了冈萨雷斯对报社的诉讼请求，理由是报社报道
该新闻是依据劳动与社会事务部门公示的拍卖指令，通过报道
这则拍卖信息可以确保有更多竞标者参与竞标，这是一则合法
报道；不过同时，AEPD 却支持了其对谷歌西班牙分公司和谷歌
公司的诉讼请求，考虑到搜索引擎运营者作为数据的传播媒介
实施了数据处理行为，应该遵守个人数据保护法的规定并承担
相关责任，因此要求谷歌公司移除个人数据的链接或者禁止访
问特定的数据。谷歌西班牙分公司和谷歌公司对该判决不服，
向西班牙高级法院提起诉讼，西班牙高级法院将该案提交欧洲
法院，而其诉讼请求最终没有得到欧洲法院的支持。这是世界
上第一个承认普通人被遗忘权的案例，在此之前，被遗忘权仅
属于有犯罪记录的人[1]和青少年[2]等特殊群体[3]。刑法领道
的被遗忘权源自法国，[4]是指当一个罪犯已经接受审判并服刑完
毕，法律赋予其反对公开其曾经罪行的权利，避免对其已经完结

〔1〕 Robert Kirk Walker, "The Right to Be Forgotten", *Hastings Law Journal*, No. 64, 2012, p. 7.

〔2〕 美国加州参议院第 568 号决议，即《橡皮擦法案》，该法案于 2013 年 9 月 23 日通过并于 2015 年 1 月 1 日生效，规定"如果一个未成年人经注册成为相关网站的用户（directed to minors）、在线服务的使用者、在线服务的享有者或者是移动服务的享有者的话，那么这个未成年人就有权要求上述四个主体遵守该未成年人的要求移除陈列在相关网站、在线服务、在线应用以及移动应用上的使用者信息。"详见薛前强：《论大数据时代未成年人被遗忘权的法律构建——兼评美国加州第 568 号法案》，载《中国青年社会科学》2015 年第 5 期。

〔3〕 "Oops! Button lets kids remove posts they regret", see http://www.cnn.com/2013/09/26/opinion/steyer-california-eraser-button-law/index.html, 最后访问日期：2024 年 3 月 15 日。

〔4〕 Jeffrey Rosen, "The Right to Be Forgotten", *Stanford Law Review*, see http://www.stanfordlawreview.org/online/privacy-paradox/right-to-be-forgotten? em_x = 22, 最后访问日期：2012 年 2 月 13 日。

的罪行作非必要传播，从而确保其"从头再来"的机会。[1]

郑远民和李志春在《被遗忘权的概念分析》中提出，"Fla-herty 在 1989 年首次提到数字世界中与隐私数据有关的被遗忘权，被认为是有关被遗忘权的最早学术文献记载。"[2]

然而，学界也出现了对被遗忘权的质疑。有学者指出，发布于互联网的信息不可能永远删除。[3]澳大利亚学者格西亚－马力欧（Garcia-Murillo）和麦肯林（MacInnes）认为，人们不应当追求所谓的被遗忘权，他们认为：①"被遗忘权将阻碍后世的人类了解我们的今天"；②"而赋予人们删除黑暗历史的权利的同时会让他们失掉从中吸取教训的机会"；③"被遗忘权对言论自由的实现构成了威胁"。[4]梅尔斯（Mayes）认为，"将遗忘上升为权利本身就是权利的退化"，他认为被遗忘权是反社会的，被遗忘权的实施是对权利的阉割。[5]陈昶屹认为"国家利益"是被遗忘权的核心，欧洲承认被遗忘权的"深层原因在于担心网络信息的国家主权旁落、以使本国或本地区的数据信息被保存到其他国家手中"，其真正目的在于

〔1〕 J. Rosen, "The right to be forgotten", *Stanford law review online*, No. 64, 2012, p. 88.

〔2〕 郑远民、李志春：《被遗忘权的概念分析》，载《长春师范大学学报》2015年第1期。

〔3〕 See Charles J. Sykes, *The End of Privacy*, St. Martin's Press, 1999; Jonathan Zittrain, *The Future of the Internet—And How to Stop It*, 2008; Jeffrey Rosen, *The Web Means the End of Forgetting*, N. Y. Times Mag 21, 2010.

〔4〕 Martha Garcia-Murillo, Ian MacInnes, "Così Fan Tutte：Why a right to be forgotten should not be pursued", *International Telecommunications Society Biennial Conference in Rio de Janeiro*, December 2014.

〔5〕 Mayes T., *We have no right to forget/be forgotten*, CEPE：Crossing Boundaries, 2011.

"牵制美国网络巨头信息控制能力"。[1]朱巍认为："技术发展是中立的，只有在确保技术中立原则基础上，才有可能在网络技术时代保障更长远和更多人的利益。被遗忘权的确立必然导致本无过错的网络服务提供者承担更多的责任，这不仅违反了技术中立原则，而且还可能侵害到更多人的表达自由和公众知情权。"[2]

但不可否认，被遗忘对于人的人格尊严有着重要意义。维克托·迈尔-舍恩伯格认为，被遗忘权的实现并不需要以信息在互联网空间的彻底消失为前提。如果信息被从搜索引擎中删除，以实现世界上99%的人无法通过网络搜索获取该信息，那么"删除"的目的便已经实现。所谓"被遗忘权"其实是使人们恢复"遗忘"的能力。

赫德（Hert）总结了本杰明在两百年前对于匿名的观点："否定匿名就是否定自由。匿名的意义不仅在于保护人的思想，还在于保护人的自由的方方面面。这种做法会伤害人的自我认知水平和社会的道德水平。而对于实名、监控和监听的适当畏惧将提高公民整体上对于政府和政治的质疑能力。"[3]占佛尔（Zanfir）认为，被遗忘权所代表的不仅仅是匿名的权利，它还代

〔1〕 陈昶屹：《"被遗忘权"背后的欧美法律"暗战"》，载《人民政协报》2014年5月27日，第12版。

〔2〕 朱巍：《被遗忘权是大数据时代用户核心权利》，载《中国社会科学报》2014年12月3日，第B01版。

〔3〕 Hert Pau, "The Case of Anonymity in western political philosophy. Benjamin Constant's refutation of republican and utilitarian arguments against anonymity", in C. Nicoll and J. E. J Prins and M. J. M. van Dellen eds., *Digital Anonymity and the Law. Tensions and Dimensions*, The Hague: T. M. C. Asser Press, 2003, pp. 47 –98.

表着人在数字化世界里的尊严和自由，是一项古老的人权。[1]如果一个人不能摆脱信息留在自己身上的烙印，那么这些信息的存在就成了刻在他脸上的字，让他永远无法在社会生活中获得自尊。

要求信息控制者删除某些信息是人实现自我控制的方式。很多学者认同被遗忘权属于信息控制权的一种形式。穆拉塔（Murata）和奥利托（Orito）认为，被遗忘权是一种避免他人利用个人信息伤害自己的防御性权利。[2]而韦路（Werro）认为被遗忘权就是数字删除权。[3]班诺（Barnal）认为，被遗忘权是对于生活历史保持沉默的权利。[4]韦伯（Weber）认为，欧洲人眼中的被遗忘权与人格尊严和隐私相关，是个体选择维持信息秘密性或防止信息秘密在互联网公开的权利。[5]

约翰·亨德尔（John Hendel）反对"被遗忘权将限制言论自由的观点"[6]，他认为，被遗忘权仅赋予个体删除自己上传

[1]　Gabriela Zanfir, "Tracing the right to be forgotten in the short history of data protection law: The 'new clothes' of an old right", *Reforming European Data Protection Law*, Vol. 20, Governance and Technology Series, pp. 227 - 249.

[2]　K. Murata, Y. Orito, *The right to forget /be forgotten*, CEPE: Crossing Boundaries, 2011, p. 192.

[3]　Franz Werro, "The right to inform v. the right to be forgotten: A transatlantic clash" [EB /OL], (2009 - 05 - 10), see http://ssrn. com /abstract = 1401357, 最后访问日期：2014 年 10 月 20 日。

[4]　P. A. Bernal, "A Right to Delete?", *European Journal of Law and Technology*, No. 2., 2011.

[5]　R. H. Weber, "The Right to Be Forgotten", *More than a Pandora's Box*, No. 2., 2011.

[6]　J. Rosen, "The right to be forgotten", *Stanford law review online*, No. 64., 2012, p. 88.

至网络信息的权利，并不赋予人们删除他人评论的权利。[1]

被遗忘权有三种实现方式，即①"我有权删除在公共领域共享的任何内容"；②"我有权要求转发我共享信息的人删除它"；③"如果任何人未经我允许共享与我有关的任何内容，我有权删除它"。[2]

必要的"遗忘""删除"是自由生活的条件。安伯罗丝（Ambrose）和阿斯鲁斯（Ausloos）认为，被遗忘权是刑法领域"遗忘权"（right to oblivion）的延伸。[3]而库珀斯（Koops）则认为除了信息控制权，被遗忘权还包括要求社会忘记相关犯罪历史的权利和可以不用担心后果地发表言论的权利。[4]

"互联网式羞辱，在个人的身份上，创造出一个不可磨灭的污点。在网络空间遭受羞辱，类似于生命被做上了记号，类似于被强制戴上了数字式红字、被烙印或被刺青。人们取得永久的数字式包袱。他们不能逃出他们的过去，它被永远刻入谷歌的记忆里。"[5]

---

〔1〕 John Hendel, "Why Journalists Shouldn't Fear Europe's 'Right to Be Forgotten'", Atlantic, see http://www.theatlantic.com/technology/archive/2012/01/why-journalists-shouldnt-fear-europes-right-to-be-forgotten/251955/，最后访问日期：2012 年 1 月 25 日。

〔2〕 郑远民、李志春：《被遗忘权的概念分析》，载《长春师范大学学报》2015年第 1 期。

〔3〕 M. Ambrose, J. Ausloos, "The Right to be Forgotten Across the Pond", *Journal of Information Policy*, Vol. 3 , 2013, pp. 1 – 23.

〔4〕 B. J. Koops, "Forgetting footprints, shunning shadows：A critical analysis of the 'right to be forgotten' in big data practice", SCRIPT ed, No. 3. , 2011, p. 11; K. Murata, Y. Orito, *The right to forget /be forgotten*, CEPE：Crossing Boundaries, 2011, pp. 229 – 254.

〔5〕 ［美］丹尼尔·沙勒夫著，林铮颢译：《隐私不保的年代》，江苏人民出版社2011 年版，第 103 页。

"如果过去是不可能赎回的，那么我们唯一的选择就是对未来更加谨慎。"[1]德国学者阿尔贝特·布勒克曼（Albert Bleck-mann）认为："人性尊严之要件，系每个人得在其行为与决定上有自由，而且任何人都享有同等自由。因此，基本法的人性观，系指平等、自由之个人，在人格自由发展下，自由决定其生活方式、未来及行为。"[2]

正如维克托·迈尔–舍恩伯格所说，"如果我们不得不想象多年以后，或许在未来几十年后，有人可能会如何解释和权衡我们的话语时，我们当初就会更加谨慎地阐述它们"[3]。

从各国有关个人信息保护的立法情况来看，"被遗忘权的行使不利于后世了解今天"的观点并没有得到普遍认同。

第一，现代的历史学家在研究历史时的确时常面临史料缺乏的问题，但现代社会的信息生产能力和保存能力已经超越整个人类历史，未来的历史学家更可能面临的是信息过于丰富以至于需要耗费大量时间"去伪存真"的问题，而不是缺乏充分信息的问题。

第二，被遗忘权的目的在于让人们放下历史的包袱，自由、快乐地生活。如果适当赋予人们删除某些个人信息的权利并不损害其他人的利益，那么法律应当通过赋予被遗忘权来帮助这部分人更好地生活。

---

〔1〕　［英］维克托·迈尔–舍恩伯格著，袁杰译：《删除：大数据取舍之道》，浙江人民出版社2013年版，第137页。

〔2〕　转引自李震山：《人性尊严与人权保障》，元照出版公司2000年版，第13–14页。

〔3〕　［英］维克托·迈尔–舍恩伯格著，袁杰译：《删除：大数据取舍之道》，浙江人民出版社2013年版，第140页。

第三，无论对于个体还是商业机构，付出是取得回报的前提。信息处理主体配合信息主体合理的删除要求的确会耗费大量的时间、精力，也会在一定程度上影响产业的发展步伐，但这是他们应尽的义务。"技术中立"不能成为推脱责任的借口。同时，赋予信息处理主体相应的义务有利于约束他们更加适度、合理地使用信息，防止过度制造信息垃圾。

第四，言论自由并不是无条件的。应当将公开信息的言论自由和发表评论的言论自由区分开。言论自由不能成为隐私侵权行为的免死金牌。

# 第三章　科技革新对隐私理论的影响

## 一、从快照到窃听：摆脱财产权对隐私保护的束缚

目前美国法律已经确认多种隐私侵权形式，包括：①对信息的收集、保存和数字化；②传播关于个人的信息；③盯梢、跟踪、监视以及拍摄个体；④进入或者侵入"私人领地"；⑤监听、窃听和阅读私人信件；⑥吸引他人注意；⑦要求他人进行测试或者检查；⑧强迫他人公开信息。[1]

美国法律对于这些隐私侵犯形式的承认并不是一夜间达成的。《人权法案》诞生于 1787 年，在此后的大约 80 年时间里，几乎没有援引美国宪法第四修正案作出的判决。究其原因，有学者给出了两种解释：其一，美国直到 1914 年才确立非法证据排除原则，而没有这一原则做后盾，对第四修正案涉及的非法搜查和扣押行为提出违宪审查是十分困难的。其二，美国宪法第四修正案的设置初衷在于限制签发令状，而非限制执法人

---

〔1〕　Ruth Gavison，"Privacy and the Limits of Law"，*Yale law journal*，1980，p. 436.

员的行为。[1]因此，依此修正案提出的诉讼并不多。

1790年，美国在罗德岛建立第一座水力纺纱厂，从而开始了美国的机器大生产过程，这被认为是美国工业化的起点。[2]随着工业化进程加深，工业对于产业工人的需求剧增，因此美国的城镇化几乎是伴随着工业化历程发生的。进入城市工作、生活的美国人的生活空间较农业社会明显变得狭小，这使得人们更加注重对私人领地的保护。美国的工业化、城市化过程与隐私权利意识的觉醒过程不谋而合。

但直到19世纪末，美国法律才正式承认隐私权。[3]在这之前，隐私权同版权、肖像权尚没有清晰界限。涉及隐私利益的案件一般被当作财产权处理。在《隐私权》一文中，沃伦和布兰代斯曾提及一起发生在1825年的涉及隐私保护的案例。在这一案件[4]中，一名外科医生就曾提出控告以阻止其早前在伦敦的圣巴塞罗缪医院发表的一次医学演讲被《柳叶刀》杂志发表。虽然埃尔登（Eldon）法官对未以文字形式呈现的学术演讲是否能成为财产提出质疑，但其最终以违反诚实信用为由判决原告胜诉。

由于当时成文法和普通法并不承认隐私权的存在，19世纪末的大部分隐私需求均基于对私人领域的保护，而美国宪法第四修正案的内容完全符合这种需求。有学者认为，美国宪法第四修正

〔1〕 Thomas K. Clancy, *The fourth Amendment: Its History and Interpretation*, Carolina Academic Press, Durham, 2008, p. 42.
〔2〕 马亚华：《美国工业化阶段的历史评估》，载《世界地理研究》2010年第3期。
〔3〕 ［美］阿丽塔·L. 艾伦、理查德·C. 托克音顿著，冯建妹等编译：《美国隐私法：学说、判例与立法》，中国民主法制出版社2004年版，第4页。
〔4〕 Abernethy v. Hutchinson, 3 L. J. ch. 209 (1825).

案的保护重心存在从财产权利到隐私权的过程。发生在 1886 年的
"博伊德案""是第四修正案从保护财产转向保护隐私的奠定性
判例"。[1]此前，洛克、布莱克斯通等法学家认为对财产的保护
应该包含获取、使用、处分和收益的权利，他们将个人财产权的
保护推向前所未有的高度和广度。[2]曾参与美国宪法起草的法学
家詹姆斯·麦迪逊将财产权的范围进一步拓展，认为人对其思想、
人身安全和自由也享有财产权。[3]在"博伊德案"中，美国联邦
最高法院确认美国宪法第四修正案的实质"不在于破门而入，也
不在于翻箱倒柜，而在于侵犯了个人对于人身安全、人身自由以
及私人财产所享有的不可剥夺的权利"。[4]该案确立了以财产权
为中心的"第四修正案分析方法"（a property-focused inquiry）。

　　虽然《隐私权》一文一经发表即引起学界讨论，但美国法
院并没有马上对其予以承认。在 1902 年的"罗伯森诉罗切斯特
折叠纸盒公司案"中，纽约州法院没有在判决中承认隐私权。
本案原告诉称，被告之一富兰克林面粉公司在未经原告同意
的情况下，在其公司的广告中使用原告照片用作宣传。原告
认为，该广告在当地流传甚广，对其造成巨大精神伤害以致
其需要接受药物治疗，因此她要求被告终止侵权并赔偿损

---

〔1〕　向燕：《从财产到隐私——美国宪法第四修正案保护重心之变迁》，载《北
大法律评论》2009 年第 1 期。

〔2〕　Adam Mossoff，"What is Property? Putting Pieces Back Together"，*Arisona Law
Review*，Vol. 45，2003，p. 371.

〔3〕　James Madison，*Property*，Nat'l Gazette，Mars，No. 5.，1792，reprinted in James
Madison，*The Mind of the Founder*，Marvin Meyer ed.，1981. See Adam Mossoff，"What is
Property? Putting Pieces Back Together"，*Arisona Law Review*，Vol. 45，2003.

〔4〕　转引自吴宏耀：《刑事搜查扣押与私有财产权利保障——美国博伊德案的启
示》，载《东方法学》2010 年第 3 期。

失。初审法院判决原告胜诉。

当时，美国法律界尚不存在有关隐私侵权的任何先例。上诉法院对此案处理得格外谨慎，改判初审原告败诉。理由有二：其一，承认初审原告的诉求，则意味着法律对隐私权的承认，必将带来大量隐私权诉讼，而这是法院不愿意看到的。其二，法官们预见到隐私权与表达自由间潜在的冲突。承认隐私权的存在，意味着在某些案件中法律可能构成对表达自由的限制。如果法律限制个人肖像（图像）的自由发表，那么涉及更为人们所珍视的有关他人言行、外貌和社会关系的评论的案件也必然出现。而口头上发表公开言论的权利是在美国宪法第一修正案中得到保护的。考虑到新型案件的判决结果对未来法律发展方向的影响，法庭希望通过成文法，而不是普通法解决本案纠纷。纽约州最终于1903年颁布《纽约民权法》，其中第51条规定，未经许可为商业目的使用他人姓名或肖像既构成侵权也构成轻罪。[1]本案判决被认为带有法实证主义色彩，它具有两方面特征：一是规则在被称为法律前，必须具有某种特定的出处；二是具有可质疑法院不依照法官个人偏好来决定案件结果的能力。[2]

虽然法庭的主流意见否定了隐私权的存在，但格雷（Gray）大法官发表的不同意见却提出了影响隐私权理论发展的重要观点。早在1902年，他就认识到"快照"是一项"不可逆转和无

---

〔1〕 ［美］唐纳德·M. 吉尔摩、杰罗姆·A. 巴龙、托德·F. 西蒙著，梁宁等译：《美国大众传播法：判例评析（上册）》，清华大学出版社2002年版，第228页。
〔2〕 ［美］阿丽塔·L. 艾伦、理查德·C. 托克音顿著，冯建妹等编译：《美国隐私法：学说、判例与立法》，中国民主法制出版社2004年版，第19页。

法控制"的科技发明，认为在未经允许的情况下以营利为目的出版发行他人肖像的行为是对他人的一种伤害，而这种伤害可能比物理伤害更具有杀伤力。[1]他认为早期教条式的普通法模式已经无法适应当时的社会，"在社会进化的过程中，伴随着艺术和科学的发展以及其对有组织的社会产生的影响，在私人关系中会产生一些新的内容是不难理解的"。[2]

格雷法官的意见虽不占该案判决的多数，但这种前瞻性的理念在当时的美国已经获得很多共鸣。此案之后，美国法学界开始了长达30年的争论。[3]最终结果是，大部分的州陆续承认隐私权的存在。

1905年，美国联邦最高法院在"派维斯奇诉新英格兰生命保险公司案"中肯定了隐私权的存在。此案原告发现被告之一的新英格兰生命保险公司在佐治亚州的一家报纸刊登广告宣传其公司保险产品，在广告中配有原告照片，并在文案写道"我购买了新英格兰生命保险公司的保险而生活得健康、高效，我的家庭已从中得利"。原告并未允许被告使用其照片，且从未购买该公司保险产品，因此以被告诽谤和侵犯其隐私权为由提起诉讼。初审法院判决原告败诉。经上诉，上述裁决得以改判。

科布（Cobb）法官首先在法庭意见中承认了隐私权的存在，认为隐私权包含人身安全和人身自由这两项绝对权力。人身安全包括生存的权利和享乐的权利，不仅仅禁止剥夺生命，同时

---

〔1〕　64 N. E442（N. Y. 1902）.

〔2〕　［美］阿丽塔·L. 艾伦、理查德·C. 托克音顿著，冯建妹等编译：《美国隐私法：学说、判例与立法》，中国民主法制出版社2004年版，第19页。

〔3〕　William L. Prossor, "Privacy", *California Law Review*, 1960, P. 383.

禁止剥夺基于自然、品性和合法期待而产生的快乐。而人身自由包括"不被干扰的权利"，在公开和私密两种生活模式中做选择的权利，以及在不影响公共利益和他人权利的情况下，决定和管理自己私人事务和生活的权利，除非法律另有要求。受宪法保护的媒体的表达自由，同样受到隐私权的限制。"一个想过半隐居生活的人有选择他何时何地以何种方式回归公共场合的权利。未经其他人允许，在任何时间任何地方都不得将该人呈于公众之前。"[1]个体为了在社会立足而放弃自己原本能够得以实现的某些权利，这种让步不意味着他一旦进入公众视线就放弃了全部权利，对于那些必须由他保留的权利，未经其允许，公众仍然不能侵犯。[2]

科布法官表示同意格雷法官在"罗伯森诉罗切斯特折叠纸盒公司案"中所持的反对观点：未经当事人允许而发表和复制印有其肖像的广告以达到商业宣传目的的行为无疑侵犯了隐私权，且这种侵权不以恶意或者损害的发生为前提。

科布法官认为原本无害的文字可能因为某一外部原因而产生危害力：使用当事人周遭通用语言表达虚假情况即构成诽谤。保险公司在广告中使用他人肖像并在文案中声称其购买了该公司保险且对这项投资感到满意，而事实上他并没有购买，上述行为即构成诽谤。

科布法官的观点得到佐治亚州高等法院法官们的认可。这种对隐私权的理解明显带有"不受打扰的权利"的痕迹。基于

---

〔1〕 ［美］阿丽塔·L. 艾伦、理查德·C. 托克音顿著，冯建妹等编译：《美国隐私法：学说、判例与立法》，中国民主法制出版社 2004 年版，第 22 页。

〔2〕 50 S. E. 68；（GA 1905）.

当时的科技发达程度，要求当时的法学家预言隐私权包括"信息的控制"等内容显然是不切实际的。不能否认，科布法官的观点在当时的美国法律界是带有前瞻性的。

1928 年的"奥姆斯特德诉美国案"（Olmstead v. U. S）[1]是美国联邦最高法院受理的第一个涉及监听技术的案件。1925 年，奥姆斯特德同另外 71 名嫌疑人因违反禁酒法案被起诉。奥姆斯特德认为：办理此案的联邦探员提供的证据系通过对其办公和住所中的 4 部电话监听所得，此做法构成对美国宪法第四修正案和第五修正案规定的相关权利的侵犯，因此上诉至联邦最高法院。

此案争议的焦点是"通讯监听"[2]电话搜集证据的行为是否属于"搜查"行为。九位大法官对此产生严重分歧。1928 年 2 月 20 日，联邦最高法院以 5∶4 的结果，判决驳回了奥姆斯特德的诉求，认定通过"监听"收集到的证据合法，从而判决上诉人有罪。塔夫特（Taft）大法官代表法庭发表的意见较为谨慎，认为"宪法并不禁止此案探员的行为。此案中的通话内容仅仅被听取，这一过程中探员并没有进入上诉人的住所或者办公室。电话发明至今已有 50 年时间，它使得人们能同远方的人通话。而宪法的规定并不能让人们的住所或办公室通过一根电话线拓展至远方。国会可以通过立法规避探员的这种行为，但是法庭本身并不能对宪法内容做扩大解释"。[3]

---

〔1〕　277U. S. 438（1928）.

〔2〕　依据美国相关法律的解释，"通讯监听"主要包括对有线通讯（wirecommunication）、口头通讯（oralcommunication）、电子通讯（electroniccommunication）的监控（surveillance）。

〔3〕　277U. S. 438（1928）.

　　《隐私权》作者布兰代斯此时已成为联邦最高法院的大法官，他代表少数派发表了不同意见。他主张奥姆斯特德的诉求应当得到支持。他认为，宪法不应该仅被适用于已知的问题，对于可能出现的新问题同样应当适用。"人类天生对于那些恶意侵犯他们自由的规则有所警觉。"此案中的电话内容与"伊克斯派特·杰克逊案"〔1〕中邮件中的内容只有形式差异，没有实质差别。侵犯通话隐私的行为的伤害力远大于对邮件隐私的侵犯，这种行为使得通话双方的隐私权均被侵犯。同时，布兰代斯还预见到对这种行为的纵容有可能引发窃听泛滥的现象。他认为宪法缔造者对于人们幸福的保障不应仅止于物质，宪法同时保障人们的信仰、思维、情感和感知，"应当将所有侵犯公民不被打扰的权利的行为视作对宪法第四修正案的违反"。〔2〕

　　当时的美国联邦最高法院刚从第一次世界大战中所坚持的限制私有财产的立场中抽身，转而支持绝对的私有财产权观念。因此，在此案中，持多数派意见的 5 名大法官坚持从狭隘的财产观解决相关争议。〔3〕而布兰代斯所理解的隐私权不再依附于物理空间，它脱离了财产权的范围，是人们幸福生活的一种基本需求。

　　6 年之后，美国国会通过了《联邦通讯法》（The Federal Communications Act），其中第 605 节规定："未经发送者的授权，

---

〔1〕　96 U. S. 727（1877）.

〔2〕　277U. S. 438（1928）.

〔3〕　向燕：《从财产到隐私——美国宪法第四修正案保护重心之变迁》，载《北大法律评论》2009 年第 1 期。

任何人均不得截取任何通讯及对任何人泄露或公开所截取通讯的存在、内容、要旨、目的、效果及含义。"这被认为是美国联邦监听立法的起点，也是从立法角度认可了布兰代斯在"奥姆斯特德诉美国案"中的主张。有评论认为，尽管布兰代斯的观点在此案中以4∶5落败，但他的远见经过时间的考验，最终成为联邦最高法院的主流观点。[1]

第二次世界大战爆发后，美国、苏联等大国纷纷设立情报机构，大量培养懂得监听技术的秘密技术人员。录音、录像和通讯监听等新的电子技术在战时和战后广泛应用，有效搜集了大量政治、军事秘密。各国政府利用窃听技术在第二次世界大战中获取敌方大量机密信息。监听技术随后被引入刑侦领域。[2]

20世纪中期，美国的社会财产观念进一步发生转变[3]，认为"政府具有明确责任制定促进社会福利的制度，甚至可以以牺牲个人财产权作为代价"。

"卡茨案"发生在1967年。联邦调查局探员在卡茨打电话的电话亭外安装窃听设备，并将窃听所得的通话信息作为证据呈交法庭。卡茨因使用公共电话传递赌博信息被判有罪。

---

〔1〕 "The life and Times of Boyd v. United States（1886 – 1976）", *Michigan Law Review*, Vol. 76, 1977, p. 184, 188.

〔2〕 See Edward Shils, "Privacy: Its Constitution and Vicisstude", *Law and Contempoary Problems*, Vol. 31, 1996, p. 281, 297 – 300.

〔3〕 美国联邦最高法院绝对的私有财产观念在1929年爆发经济危机后被摒弃，罗斯福新政开始后，美国联邦最高法院人事重整，自由派成为主导。20世纪中期后，财产权在必要条件下让步于公共利益的理念得到社会认同。参见向燕：《从财产到隐私——美国宪法第四修正案保护重心之变迁》，载《北大法律评论》2009年第1期。

本案的争议焦点是公共电话亭是否属于美国宪法第四修正案的保护范围。卡茨认为,自己在使用电话亭时仍然保留自己不被监听的权利,即使其他人可以通过玻璃看见公共电话亭内的景象,但自己有权期待电话亭内的通话内容不被外界知晓,他认为自己的通话内容应当受到美国宪法第四修正案的保护。对此,政府机关认为美国宪法第四修正案只能保护有形财产,卡茨的通话内容不在此列。

在此案开庭审理之前,人身权高于财产权的观念已在美国法律体系达成内在共识,因此本案法庭摒弃了财产权方法。上诉法庭认为,联邦调查局监听电话亭并录音的行为侵犯了原告的"隐私合理期待权"[1],已经违反美国宪法第四修正案。美国宪法第四修正案的内涵不仅及于搜查和扣押,也包括对电话录音的口头表述。它保护的是人本身,而非地点或者空间。自此,联邦最高法院的大法官们从宪法中找到了隐私权的扩大解释,承认美国法律对于隐私权的保护并不局限于美国宪法第四修正案。"卡茨案"创立了监听的令状制度。改变了美国司法判例一贯遵循的财产权理论,[2]从人身权角度提出隐私保护。

作为"卡茨案"中唯一持反对意见的法官,布莱克大法官认为法院对隐私概念的扩大解释过于宽泛和模糊,这甚至是对美国宪法第四修正案中的"搜查和扣押"概念的"偷换"。模糊的隐

---

〔1〕 此案确立了物理性隐私权的存在,公民在私密物理空间内的活动免受政府官员的打扰和入侵。"隐私的合理期待"包括当事人主观对隐私的期待及社会承认这种期待合理的意愿两方面。自此,"隐私的合理期待"成为法律判断政府机关行为是否构成"搜查"的标准,这是成立违反美国宪法第四修正案的前提。

〔2〕 张民安主编:《隐私合理期待分论——网络时代、新科技时代和人际关系时代的隐私合理期待》,中山大学出版社2015年版,第3页。

私概念使得法院得以据其将所有符合描述的法律判为违宪。从一定程度上讲，这使得联邦最高法院的判决得以凌驾于立法者之上，侵犯美国民主制度的核心。[1]这种担心不无道理，布莱克并不是唯一一位不支持联邦最高法院凌驾于立法者之上的美国法学家。但从实践上看，成文法无法跟上技术革新的脚步，如果联邦最高法院不率先对于新型案件作出判决，将造成成文法出台前相关问题的无序状态。因此，在隐私权领域的判决实践中，类似的"凌驾"行为并不鲜见。

随着通讯监听案件的增多，美国联邦最高法院逐步完善了通讯监听的基本原则：①作为侦查手段，执法机关的通讯监听可能侵犯当事人"合理期待的隐私利益"，因此应受美国宪法第四修正案约束；②监听行为应获得令状，并根据令状施行；③授权监听的令状必须明确该监听行为的性质、范围和期限，且不得侵入公民的住宅或办公室。[2]

"卡茨案"中确立的"隐私合理期待"后来成为了美国宪法第四修正案的"试金石"。除非有搜查证和例外情况，否则警察违反当事人合理期待的调查行为即构成违宪。此案被认为是美国宪法第四修正案保护重心向人身权转移的终点。学者阿姆斯特丹（Amsterdam）将此案称作美国宪法第四修正案相关理论的分水岭。[3]

---

〔1〕　向燕：《从财产到隐私——美国宪法第四修正案保护重心之变迁》，载《北大法律评论》2009 年第 1 期。

〔2〕　李昕：《美国通讯监听立法的演进与发展》，载《江南社会学院学报》2009年第 2 期。

〔3〕　Anthony G. Amsterdam, *Perspectives on the Fourth Amendment*, 58 MINN. L. REV, 1974, p. 349, 382.

而华盛顿大学法学院教授奥林·S. 科尔（Orin S. Kerr）却认为，这一理论"不过是逞口舌之快"，因为在高科技世界中界定"隐私的合理期待"本身就是一件主观的事情。隐私的合理期待不等同于"理性人"所理解的隐私期待，它在很大程度上仍与财产权相关，[1]而主流观点却忽略了财产权理论的持续影响。[2]

本书认为，尽管财产权理论的影响在"卡茨案"之后仍然存在，但其地位已经彻底为人身权理论所取代。该案的里程碑意义无可否定。

## 二、从信息性隐私权到个人信息保护

始于 20 世纪 60 年代的，以计算机数据处理技术和现代通信技术为代表的人类第五次信息技术革命仍在进行之中。社会的信息化使人们的生活逐步进入数字化生存状态。从出生之前，一个人的个人信息档案就已经开始建立。母亲的每次产检结果都被医生记录在电脑中。随着婴儿的降生，他/她们的生理信息被户籍本详细记录。而在成长过程中，一个人的求学信息、就

---

〔1〕 例如，United State v. White 一案，401 U. S. 745，750（1971），判决确认，警方无需搜查证即可假扮成卧底，携带窃听设备将他人谈话内容传输回警方监测站；Ralas v. Illinois 一案，439 U. S. 128（1978），判决认定美国宪法第四修正案的权利具有专属性，不得由他人代为主张。

〔2〕 ［美］奥林·S. 科尔著，罗小艺译：《〈美国联邦宪法第四修正案〉与新技术——宪法迷思与司法慎性思辨》，载张民安主编：《隐私合理期待分论——网络时代、新科技时代和人际关系时代的隐私合理期待》，中山大学出版社 2015 年版，第 7 页。

业信息、消费信息、信用记录、出行记录和投宿记录都将被各种机构、部门获取、保存。可以说，我们一生中的大小事务都被这些信息记载着。这种记录使我们的社会更加高效、有序和安全。而这些信息的存在也使我们的隐私面临在日常生活的举手投足间被意外曝光的风险。

2001 年，美国联邦最高法院在"凯乐诉美国案"的判决中，阐述了一种新的对美国宪法第四修正案的理解：如果政府在没有获得搜查证的情况下，采用"未获得普遍应用的"红外热线成像设备探测嫌疑人住所，且其目的在于"揭示以往必须通过物理性接触行为才能获取的信息"，[1]那么这种行为即构成对美国宪法第四修正案的侵犯。大法官斯卡利亚（Scalia）认为，联邦最高法院需从"长远的角度"思考问题，使公民免于被政府机关所使用的已知和未知的不法监控技术所侵扰。

虽然大法官斯卡利亚无意将上述结论扩大至其他案件，但笔者认为这一结论是对长久以来美国法院处理隐私权案件的最好总结。人们对隐私的主观认识和需求总是随着客观现实而变化。因此，尽管联邦最高法院并不乐于如此，但在判决案件时，美国宪法第四修正案的保护范围的确得到了扩张。这一做法从布兰代斯大法官对"奥姆斯特德诉美国案"提出反对意见之时就已经开始。美国学者奥林·S. 科尔在总结了"当今学者们"对于布兰代斯主张的回应后发现，学者们的观点惊人地一致，均认为法院应当在立法中承担更多的责任。他认为，学者们的观点基本可以归为理论假设、历史假设和功能假设三者中的一

---

〔1〕　533 U. S. 27（2001）.

种。理论假设认为，"法院应当积极主动地监测技术对隐私造成的影响"，"必须在技术进步的同时不断更新和重新界定宪法第四修正案"；而历史假设认为，"法院应该在规制新技术时发挥积极的作用"；功能假设从制度能力出发，认为"法院之所以应当主导规则的制定从而保护他人隐私，是因为最适合由法院去规制那些涉及新技术的侦查行为"。[1]

1977 年的"沃伦诉罗伊案"（Whalen v. Roe）[2]具有里程碑意义，标志着信息性隐私权的确立。针对药品进入不法渠道的问题，纽约州立法机关于 1972 年颁布了纽约州管制药物法案。此法案要求医生就潜在危害性药物处方填表登记。此表包含患者姓名、年龄和住址等信息，一式三份，开具处方的医生、配药的药房和州卫生部门各保留一份。上述材料被妥善保存 5 年并确保其安全，其后则将其销毁。此期间禁止任意向公众公开档案中的信息，除非：①将信息披露给卫生部门内部员工；②依传票或法庭命令而公开；③向经法律授权而有权接触相关信息的人或者部门公开；④用于卫生部门备案。

纽约州政府的目的在于控制危险药品的流通，而原告认为医患关系是受宪法保护的"隐秘地带"，州政府收集相关数据的做法可能迫使一些需要使用上述药品的人因为害怕被视为瘾君子而终止用药。原告认为，纽约州的上述立法侵犯了当事人的

---

〔1〕 ［美］奥林·S. 科尔著，罗小艺译：《〈美国联邦宪法第四修正案〉与新技术——宪法迷思与司法慎性思辨》，载张民安主编：《隐私合理期待分论——网络时代、新科技时代和人际关系时代的隐私合理期待》，中山大学出版社 2015 年版，第 3 页。
〔2〕 492 U. S. 589（1977）.

两种利益：首先，政府数据库的存在给当事人带来了不必要的担心，使得他们个人信息不被泄露的隐私利益受到了威胁。其次，由于担心信息泄露对名誉造成不利影响，使一些有必要使用相关药品的病人不得不停止使用药品，从而侵犯了他们独立作出决定的权利。

此案的焦点在于：州政府是否有权依据医生的处方获得病人的姓名等信息从而建立数据库。纽约州地区法院判决原告胜诉。此案最终被上诉至美国联邦最高法院。史蒂文（Steven）大法官代表法庭发表意见。他认为，在现代医疗实践中，将病人的部分个人信息，包括一些令人尴尬的负面信息，透露给医生是不可避免的。而在现代社会，这种情况并不局限于医疗领域。在税收、社会福利、军事领域和司法领域，政府部门都不可避免地获得和储存大量公民的个人信息。政府部门有义务保证这些信息不被泄露，但并不能认为这种潜在的可能必然成为病人拒绝使用这些药物的原因，更不能认为纽约州的这项规定侵犯了病人和医生独立作出选择的权利，因为政府并没有禁止这些药物的使用。

此案中，美国宪法首次承认信息性隐私权的存在。史蒂文大法官创造性地将宪法所保护的隐私利益分类为两种："个人保护其个人信息不对外公布的权利"（the interest of controlling the disclosure of personal matters）和"在不受政府影响的情况下独立作出某些私人决定的利益"（the interest of being able to make certain personal decisions free from government influence）。这是信息性隐私权第一次得到美国宪法上的认可。

本书认为，此案的判决对于当今的隐私问题有一定的启示作用。新兴科学技术的发明总是伴随着新的隐私侵权、隐私泄露途径的出现。这使得个人在隐私保护和隐私维权问题上显得愈发力不从心。相比政府和商业机构，个体无疑是隐私问题最大的受害者。此案判决表明，当新技术逐渐成为社会的主流，在相关领域得到普遍性适用，即排除这种技术将带来明显高额的成本和耗费大量不必要的人力时，信息主体有义务随着技术的更新适当容忍信息的收集行为，并在一定程度上承担此行为带来的风险。

关于信息性隐私权的概念有很多种说法，多数学者持控制论观点。齐爱民认为，信息性隐私权指个人针对其信息所享有的权利，强调的是个人对其信息的决定权、支配权和控制权。[1]陈永认为，信息性隐私权是"公民对个人信息的了解、掌握、拥有、公开的控制权以及不受他人侵犯的权利"。[2]董金华认为，信息性隐私权不仅涉及限制信息的取得，还应涉及控制信息的使用和流向。[3]冯娜认为，"信息性隐私权是自然人享有的私人信息依法受到保护不被他人非法知悉、搜集、利用、公开等的一种人格权"。[4]弗里德（Fried）认为，隐私的实现并非仅通过防止他人了解，更重要的是对自身信息的控制权。[5]

从一定意义上讲，沃伦和布兰代斯之所以撰写《隐私权》一文，就是出于对私密信息"失控"的愤怒。摄影技术的出现，

---

〔1〕 齐爱民：《美国信息隐私立法透析》，载《时代法学》2005 年第 2 期。

〔2〕 陈永：《欧盟和美国关于信息隐私保护的比较研究——兼论"9·11"后隐私立法政策的变化》，载《北大国际法与比较法评论》2003 年第 2 期。

〔3〕 董金华：《网络空间的个人信息隐私权及其保护》，载《理论月刊》2001 年第 10 期。

〔4〕 冯娜：《信息隐私权的法律保护》，载《当代法学》2002 年第 6 期。

〔5〕 Charles Fried, *Privacy*, 77 Yale L. J. 475, 1968, pp. 482–483.

使隐私信息的"收集"过程大大缩短。他们认为"立拍即现的照相技术和报刊已经侵入了私人和家庭的神圣领域,不计其数的机器装置使人们难以做出预言,'密室私语在屋顶上被公开宣告'"。[1]

20 世纪中叶,战争的结束带来了工业生产和经济的复苏。伴随着成本和使用难度的降低,照相机的应用日益广泛,人们隐私信息被"收集"的机会大大增加。"约克诉斯托里案"(York v. Story)[2]发生在 1958 年 10 月,是信息性隐私权领域的经典案例。上诉人安吉琳·约克(Angelynn York)女士因受殴打而到加利福尼亚州奇诺市(Chino)警察局报案。被上诉人任·斯托里(Ron Story)是当日值班警察,接到报案后,他告知约克女士他需要拍摄几张照片留作证据。其后,斯托里带约克女士来到一间房间,锁好门并要求她脱去了衣服。其后他指导约克女士做出一些不雅动作并拍照。约克女士对此提出异议,她认为取证行为不需要全裸更不需要摆出那些不雅动作,因为这无益于展示身上的淤青。当时警局里有女性警员,但并未进入拍照的房间,房间里仅有约克和斯托里两人。

之后,斯托里告诉约克女士他并没有冲洗当日所拍照片并已经毁掉底片。事实上,他在奇诺警察局内部传阅了那些照片。1960 年 4 月,该警察局的另外两名警官用警局设备加洗了约克女士的裸照。半年后,约克女士得知此事,并依《纽约民权法》第四十二节第 1983 条提出起诉。这一条款可被视为

---

〔1〕 〔美〕路易斯·D. 布兰代斯等著,宦盛奎译:《隐私权》,北京大学出版社2014 年版,第 7 页。

〔2〕 324 F. 2d 450(9th Cir. 1963).

对美国宪法第十四修正案（正当程序条款）的补充规定，可被用于对信息性隐私权的救济："任何处于各州或者哥伦比亚特区法律、法规、习惯管辖之下的个人或者受到美国宪法和法律保护的公民或者其他自然人都应当对任何受到侵害的人承担责任，但如果该行为是司法人员在执行职务中发生的除外。在针对司法人员的诉讼中，不可采用禁令这种救济方式，除非他们没有依据法院的决定作出声明或者道歉或这种救济方式不能被使用……"[1]初审法院驳回了约克的请求。

上诉法院——美国第九巡回法院的哈姆雷（Hamley）法官代表法庭发表意见：根据美国宪法第四和第十四修正案，上诉人理应免遭警察的非法搜查。美国宪法第四修正案给予个人隐私的权利，第十四修正案给予个人在非正当程序的情况下对抗警察搜查的权利。警察的行为显然侵犯了上诉人的上述权利。"没有什么比赤裸的身体更需要隐私的了。人类最基本的自重和自尊使得人具有防止自己裸露的身体被陌生人，特别是异性观看的意识。警察无正当理由地搜查私人居所的行为因侵犯隐私权为美国宪法第四修正案禁止。既然无正当理由搜查私人居所属侵犯隐私的行为，那么我们更不能否认拍摄并传播一个人的裸照更是对隐私的侵犯。"因此，斯托里警官对相关照片的处理方式并不能因他的政府官员身份而免责，其行为构成对约克女士隐私的侵犯。从哈姆雷法官在判决书中的言论可以看出，隐

---

[1] 该条款规定，在适用联邦法规前必须进行州一级的诉讼。其本身不产生实体权利，只是一项补救措施。引自［美］阿丽塔·L. 艾伦、理查德·C. 托克音顿著，冯建妹等编译：《美国隐私法：学说、判例与立法》，中国民主法制出版社2004年版，第108－109页。

私权的人权性质在 20 世纪 60 年代进一步得到认可。

　　相比新闻记者和普通摄影师，普通人的拍摄行为往往缺乏道德约束。本案中的斯托里警官的拍摄行为原本属于调查取证的一部分，但他因为缺乏对自我行为的约束而拍摄了本不必要拍摄的约克女士的裸体照片。而这些照片的存在和传播令约克女士的人格尊严受到伤害，因此"收集"信息（照片）和传播行为均属于对约克女士隐私权的侵犯。

　　20 世纪 70 年代，美国摄影也进入黄金时代。摄影这一独特的表达艺术得到了美国艺术业及公众的认可。随着摄影教育的蓬勃发展，摄影逐步成为主流艺术之一。进入 20 世纪 80 年代，商业化的图像编辑程序最初被用于电影特效的制作。这类软件通常具有图像编辑、图像合成、校色和调色等功能，随着技术的发展，图像编辑软件的功能愈发完善和强大。技术人员可以通过合成照片"创造"从未发生过的景象、形象或者事件，以假乱真。

　　"霍夫曼诉资本城市/美国广播公司[1]案"（Hoffman v. Capital Cities/ABC）[2]是利用数字技术侵犯名人肖像权的典型案例。原告霍夫曼（Hoffman）是一位著名电影演员。生于 1937 年的他，因出演电影《毕业生》（The Graduates，1967）而在美国影坛崭露头角，并因出演《克莱默夫妇》（Kramer vs. Kramer，1979）与《雨人》（Rain Man，1988）两次获得奥斯卡奖。在数十年的从艺生涯中，他始终将自己的声誉视为珍宝。为了维持在公众面前职业电影人的形象，他从不接演广告以换取金钱利益。而这种辛苦

---

〔1〕　当时名为 cities/Abc，即现在的 ABC 公司。

〔2〕　33 F. Supp. 2d 867 (1999).

的坚守却被《洛杉矶杂志》（Los Angeles Magazine）的一张合成图片破坏了。

这家属于美国广播公司所有的杂志，在 1997 年 3 月号上刊登了一组名为《大幻像》（Grand Illusions）的照片。该杂志通过电脑软件处理，将一些著名演员的脸剪辑在了穿着当季时装的模特的身体上，其中第 118 页上刊登的照片本是电影《小脚》（Tootsie）的剧照，电脑技术使其中的霍夫曼看起来像穿着理查德·泰勒品牌的礼服和华富·劳伦品牌的高跟鞋。尽管该杂志注明霍夫曼并未穿着上述服装和高跟鞋，但霍夫曼仍不能容忍这一做法。《洛杉矶杂志》所使用的照片来自影视照片档案公司的馆藏，该公司在使用合约中明确要求不得将这些照片数字化处理。作为一本杂志，《洛杉矶杂志》清楚地知道照片中的好莱坞明星们是多么地珍视他们的公众形象，因此他们并没有事前征求明星们的许可，以免遭到拒绝或者被索要高额酬劳。

法庭认为，利用计算机数字技术合成并不真实存在的明星照片来宣传杂志的行为是"利用技术亵渎明星"，因为这种做法"剥夺了他们的尊严、职业特点和个人天赋"。这种行为不应受到美国宪法第一修正案的保护，否则将会有更多新技术被用于侵犯他人。法庭最终判决被告的行为侵犯了原告在普通法上所享有的公开权，应赔偿原告遭受的损失的合理市价 150 万美金，此外原告有权获得惩罚性赔偿。理由是：①被告确实实施了使用原告姓名和肖像的行为；②被告的使用行为出于商业目的，有利于杂志销售；③被告使用照片前未经过原告许可；④被告行为对原告造成经济损失。

自图像编辑程序在全球范围内得到广泛应用以来，通过图像编辑软件恶搞或者恶意侵犯普通人、明星和政要肖像权的案件举不胜举。2003 年"百变小胖"（钱某军）的照片遭中国网民集体恶搞，甚至掀起风潮。2011 年，美国联邦调查局（FBI）利用西班牙议员加斯帕尔·利亚马萨雷斯的照片合成基地组织前头目本·拉登的头像并公开在 FBI 网站发布。[1] 2014 年，电脑合成的韩国明星郑某薰（Rain）沐浴照在社交网络疯传，造成不良社会影响，使得郑某薰公众形象受损。[2] 2015 年，德国当地电视台《伯林报道》栏目播出德国总理安格拉·默克尔的合成照。照片中默克尔头戴穆斯林妇女的黑色头巾，面色凝重，其身后背景是清真寺的宣礼塔，更远处是一面很小的德国国旗。此照片一经流出，立即引发全球争议。一些观众认为这虚构的照片反映出电视台对于逃难至德国的难民的不友好。[3]

合成图片可能对当事人的人格尊严构成侵犯。而现实中，多数当事人并没有选择提起诉讼。这在一定程度上助长了恶意合成照片的势头。

互联网技术自 20 世纪 90 年代起开始商业化进程，并迅速成为社会生活、商务运作和政治活动中不能缺少的一部分。Statista 公布的数据显示，1995 年全球互联网用户仅约 1600 万，这一数字

---

〔1〕《西班牙议员怒告 FBI 侵权》，载 http://news. 163. com/11/1013/12/7G8CBED I00014AEE. html，最后访问日期：2011 年 10 月 13 日。

〔2〕《Rain 淋浴裸照外泄？经纪公司：这是合成照片》，载 http://ent. people. com. cn/n/2014/1115/c1012 - 26027712. html，最后访问日期：2014 年 11 月 15 日。

〔3〕《德媒合成默克尔头巾照惹争议 观众称敌视难民》，载 http://news. xinhua-net. com/world/2015 - 10/08/c_128293719. htm，最后访问日期：2015 年 10 月 18 日。

在 2023 年增长至 53 亿。[1] 2019 年，美国互联网协会发布数据显示，2018 年，互联网产业为美国经济贡献 2.1 万亿美元，占美国 GDP 的 10%。[2] 媒体报道称，截至 2023 年，我国互联网产业经济贡献规模超过了 4 万亿人民币，占 GDP 比重达到了 3.5%。[3]《中国产业互联网生态发展报告》（2022）预测称，"产业互联网在 2035 年会占整个中国 GDP 的 21% 左右"。[4]

本书认为，互联网产业正在迅猛发展，其特有的开放性、数字性、互动性、高效性和匿名性（半匿名性）等特点，给世界经济带来了新的生机，也给人类生活带来了便利和乐趣。同时，相关的立法的完善速度远不及互联网技术的革新进程，这给隐私权保护问题带来了新的挑战。互联网的隐私保护愈发成为全球性的问题。

## 三、网络服务商的责任与义务

网络服务运营商掌握着海量的用户隐私，这是互联网产业

---

〔1〕 "The Rapid Rise of the Internet", see https://www.statista.com/chart/2007/internet-adoption-in-the-us/；"Internet user growth worldwide from 2018 to 2023", see https://www.statista.com/statistics/119f0263/internet – users – worldwide/，最后访问日期：2024 年 3 月 18 日。

〔2〕《互联网经济多强大？对美国 GDP 贡献率 10% 仅次于制造业！中国呢？》，载 https://baijiahao.baidu.com/s?id=1645813355261101646&wfr=spider&for=pc，最后访问日期：2024 年 3 月 16 日。

〔3〕《经济贡献超 4 万亿、GDP 占比 3.5%，工业互联网进入规模化应用新阶段》，载 https://new.qq.com/rain/a/20230619A030IP00，最后访问日期：2024 年 3 月 18 日。

〔4〕《报告预计：2035 年，产业互联网将占中国整体 GDP 约 21%》，载 https://m.thepaper.cn/baijiahao_19080663，最后访问日期：2024 年 3 月 16 日。

运作的必然，也是该产业动力之一。因此，法律如何界定他们所承担的保护用户隐私的义务直接决定着用户面临的隐私风险。

"沃沙克诉美国案"（Warshak v. United States）[1] 主要关于公民对其电子邮件是否享有隐私的合理期待问题。史蒂文·沃沙克（Steven Warshak）和他的母亲共同经营一家高端保健品公司——伯克利健康食品公司（Berkeley Premium Nutraceuticals），该公司年营业额高达数百万美元。其后，美国政府开始调查沃沙克及其公司洗钱及商业欺诈问题。2005 年 1 月，政府从俄亥俄州南部一名地方法官处获得准许，要求沃沙克所用邮箱的网络服务供应商[2] NuVox 提交沃沙克存储在其服务器中邮件的内容。政府从 NuVox 获得大约 27 000 封电子邮件内容。沃沙克随后向法庭申请排除上述邮件作为证据，理由是政府部门在要求 NuVox 提交邮件内容时并未持有搜查令，构成对其隐私权的侵犯。

第六巡回上诉法院法官伯格斯（Boggs）代表法庭发表意见，承认沃沙克对其邮件享有隐私期待。他说，在合法取得搜查令之前，政府不应当迫使商业网络服务供应商提供其用户的电子邮件内容。尽管警方以《存储通信法》（Stored Communications Act）内容为由提出抗辩，但法庭判决该法案承认的政府可以在无搜查证的情况下获取公民电子邮件信息的规定违宪。因

<hr>

[1]　631 F. 3d 266；2010 WL.
[2]　网络服务商（Internet Service Provider）简称 ISP，类型包括物理网络运营者 NP、接入服务者 IAP、Web 服务器、虚拟主机提供者、电子公告板、邮件新闻组、聊天室、网络会议室经营者认证服务者和中介服务者等。

此，政府官员在获得沃沙克的邮件内容时构成对美国宪法第四修正案的侵犯，这是美国巡回上诉法院首次明确承认公民对其电子邮件内容享有隐私期待利益。

在"美国诉瑞德案"（State v. Reid）[1]中，新泽西州最高法院承认网络服务用户就其身份享有隐私期待利益。莎莉·瑞德（Shirley Reid）因工作表现不佳离职。2004 年 8 月 24 日，她返回原公司，并与公司老板蒂威尔森（Wilson）发生争吵。威尔森随后发现当天 9 点 57 分，有人登录该公司在唐纳森公司（Donaldson Company, Inc.）的网络账户，十分钟后，有人更改了该账户密码并将送货地址改在了一个并不存在的地点。唐纳森公司随后致电威尔森告知他有关公司账户更改情况，并向他提供了更改上述信息所用 IP 地址。威尔森随后联系相关宽带服务供应商康卡斯特（Comcast），但后者拒绝在没有搜查令的情况下提供 IP 地址指向的用户身份。由于瑞德是唯一一个知道公司账号密码的人，威尔森于 8 月 27 日报警。9 月 7 日，康卡斯特公司依县法庭开给警方的搜查令公开了瑞德的身份信息。其后瑞德被捕，并被指控二级电脑盗窃（second-degree computer theft）。

瑞德以搜查令违反美国宪法第四修正案为由请求排除康卡斯特提供给警方的证据，新泽西州最高法院上诉庭支持了瑞德的请求。[2]法庭认为，网络服务用户对他们的注册信息享有隐私合理期待；法律赋予警察获取这些信息的前提是警方必须获

---

〔1〕 194 N. J. 386, 954 A. 2d 503 (N. J. 2008).

〔2〕 理由有三：①传票发出前未通过正当司法程序；②该传票是可退回的；③开出传票的法庭无权开出可起诉案件的传票。

取一张大陪审团[1]给出的旨在找出相关证据的传票；依据非法证据排除规则，未经正当司法程序而收集的受保护的信息必须被排除在证据清单之外。

尽管内容类似，但新泽西州宪法对于隐私的保护程度和范围要广于美国宪法。联邦普通法判例并不承认银行、电话公司和网络服务商等机构掌握的信息中的隐私利益，但新泽西州在"美国诉亨特案"（State v. Hunt）[2]中承认了公民对其电话账单记录享有隐私期待利益，并在"美国诉麦克阿丽斯特案"（State v. McAllister）[3]中承认了银行账户持有人对其银行记录享有隐私期待利益。除此之外，新泽西州的《监听与电子监控控制法案》（The New Jersey Wiretapping and Electronic Surveillance Control Act）对隐私的保护也比联邦法律宽泛。

2016年2月16日，美国苹果公司CEO蒂姆·库克（Tim Cook）的一封公开信再次把舆论引向用户隐私这一问题。

2015年12月，赛耶德·法鲁克（Syed Farook）和他的妻子塔施芬·马利克（Tashfeen Malik）持枪袭击了美国加州圣伯纳迪诺（San Bernardino）的一家社会服务机构，造成14人死亡、22人受伤，两人在与警察交火的过程中被警方击毙。联邦探员在法鲁克的汽车中找到一部由他之前就职的加州公共健康部门提供给他的iPhone 5c手机。该部门授权联邦调查局解锁该手机以便取得调查所需数据信息。由于法鲁克已死，也没有其他人

---

〔1〕　由23个美国公民组成（有些州因具体情况不足23人）的大陪审团对检察官的指控和证据进行审前审查，决定是否以该指控的罪名起诉嫌疑人。

〔2〕　91 N. J. 338 (1982).

〔3〕　366 N. J. Super. 251 (App. Div. 2004).

知道密码，如何解锁这一手机成了难题。依据苹果手机的设置，十次错误输入密码后，手机中所有数据将被自动删除，联邦调查局因此向苹果公司请求协助。苹果公司声称，出于对用户隐私和网络安全的保护，自 2014 年起该公司所生产的产品均内置加密软件，即使面对法庭命令也绝不解锁。美国洛杉矶地方法院法官舍利·皮姆（Sheri Pym）要求苹果公司在不关闭上述加密软件的前提下，向联邦调查局提供"适当的技术协助"来帮助调查人员较为容易地解锁法鲁克 iPhone 5c 手机。

库克致苹果用户的公开信中说，多年来苹果一直致力于保护用户存储于苹果产品中的个人信息，而且苹果公司通过加密编码做到了这一点。对于发生在圣伯纳迪诺的恐怖袭击，苹果公司感到震惊和愤怒。苹果公司已经派技术人员前往联邦调查局配合工作。而对于美国政府要求苹果公司在 iPhone 手机上设置后门程序的要求，他们则无法接受。他说，联邦调查局要求苹果开发一个新的 iOS 版本以避开现存的几个重要安全措施。这样他们可以通过将这一软件安装到涉案的 iPhone 手机上以便解锁。库克认为政府的这一想法让人"不寒而栗"。"如果这一尚不存在的程序落到错误的人手里，它将有可能解锁任何人拥有的 iPhone。"库克担心一旦这一程序被开发出来，将被联邦调查局反复使用，而这无疑会将所有的 iPhone 用户的隐私置于危险境地。他说，如果联邦调查局可以以《全令状法案》（All Writs Act）为依据解锁 iPhone，它就真的掌握了所有人的数据，进而会要求苹果开发监视软件，拦截用户的信息，获取他们的健康记录、财务数据，追踪用户的位置，甚至在他们不知情的情况下，监听他们的麦克风。[1]

　　库克慷慨激扬的公开信得到了科技企业的一致声援。据 The Verge 报道，社交软件 WhatsApp CEO 詹·库姆（Jan Koum）在 Facebook 上转发并评论库克的公开信，"我们绝不允许出现这种危险的先例，今天我们的自由已经危在旦夕"。谷歌 CEO 皮查伊（Pichai）表示侵入 iPhone 的要求是一个"令人担忧的先例"，他呼吁各方"在这一重要问题上理性、公开地探讨"。微软首席法务官布拉德·史密斯（Brad Smith）通过 X（Twitter）表示"政府机构不应该要求科技公司对其安全技术预留后门"。[2]许多美国民众也对 FBI 的行为表示强烈不满。2 月 23 日，全美 50 个城市爆发抗议，抗议政府强制苹果为其破解 iPhone 手机的行为。[3]

　　事实上，在 1977 年的"美国诉纽约电话公司案"（United States v. New York Telephone）[4]中，美国联邦最高法院就曾判决美国政府可以依据 1789 年《全令状法案》迫使纽约电话公司在犯罪嫌疑人的电话上安装一个记录电话外呼号码的设备。不同的是，如今的苹果手机所能记录的信息，无论在数量、形式和内容上都是 1977 年时的电话不能比拟的。而苹果公司称，美国联邦调查局

---

〔1〕　"Apple's open letter to customers from Tim Cook in full"，see http://metro. co. uk/ 2016/02/17/apples-open-letter-to-customers-from-tim-cook-in-full-5692169/，最后访问日期：2016 年 2 月 17 日。

〔2〕　《苹果 FBI 之争，那些库克在公开信里没说的事》，载 http://finance. china. co - m/industrial/11173306/20160219/21546750_1. html，最后访问日期：2016 年 2 月 19 日。

〔3〕　《全美为苹果举行反 FBI 游行，只因库克写了封信？》，载http://mt. sohu. com/ 20160224/n438403684. shtml，最后访问日期：2016 年 2 月 24 日。

〔4〕　434 U. S. 159 (1977).

还在其他 9 个案件中利用上述法案要求其解锁苹果手机。[1]

早在 2013 年，美国《华盛顿邮报》和英国《卫报》公布的报告就曾显示微软、雅虎、谷歌等 9 家美国主要科技公司一直向美国国家安全局、联邦调查局提供存储于内部服务器上的音频、视频、照片、邮件和文件等数据。[2]

库克公开对抗 FBI 的行为不无缘由。近年来，各种有关用户隐私泄露的丑闻在全球频发，这使得互联网公司不得不重视隐私保护问题。据报道，Meta 公司自 2019 年以来已经投入 55 亿美元用于隐私保护。[3] 随着各国愈发重视个人信息保护问题，一些大型互联网企业也因为侵犯用户隐私而收到巨额罚单。2022 年，滴滴全球股份有限公司因非法收集、使用用户个人信息被我国国家互联网信息办公室处以 80.26 亿元罚金。[4] 同年，Meta 公司因涉及 5.33 亿用户的 Facebook 数据泄露而被罚款 2.76 亿美元。[5]

2016 年 3 月 28 日，美国司法部新闻发言人梅拉妮·纽曼发表声明宣布，FBI 在不愿透露姓名的第三方的帮助下成功解锁了法鲁克的手机，结束了与苹果公司长达一个多月的鏖战。这一

---

〔1〕《苹果曝 FBI 还在另外 9 起案件中引用〈All Writs Act〉》，载 http://www.cnbeta.com/articles/477563.htm，最后访问日期：2016 年 2 月 24 日。

〔2〕《苹果 FBI 之争，那些库克在公开信里没说的事》，载 http://finance.china.com/industrial/11173306/20160219/21546750_1.html，最后访问日期：2016 年 2 月 19 日。

〔3〕 "Investing In Privacy"，see https://www.statista.com/chart/2007/internet-adoption-in-the-us/，最后访问日期：2024 年 3 月 18 日。

〔4〕《滴滴被罚 80.26 亿元，存在 16 项违法事实》，载 https://www.zjwx.gov.cn/art/2022/7/21/art_1673576_58871621.html，最后访问日期：2024 年 3 月 16 日。

〔5〕 "Meta fined ＄276 million over Facebook data leak involving more than 533 million users"，see https://www.theverge.com/2022/11/28/23481786/meta-fine-facebook-data-leak-ireland-dpc-gdpr，最后访问日期：2024 年 3 月 18 日。

解锁程序仅适用于 iOS9 的苹果 5c 手机。[1]纽曼在上述声明中表示：“确保执法机构可以获得关键性的数字信息，以保护国家和公共安全，依然是政府的一个优先要务，无论这需要与有关各方合作，还是在合作失败时走法律途径。”对此，美联社评论认为，FBI 先前在上交给法庭的文件和证言中都反复强调如果没有苹果公司的协助不可能解锁手机，而最终在第三方帮助下解锁手机。这种失信行为使 FBI 成为此次事件的唯一输家。[2]

相比之下，苹果公司因强硬捍卫用户隐私在此次事件中获得舆论赞扬。而 FBI 对苹果的“求助”行为并未结束。法鲁克手机事件结束后仅 10 天，即 4 月 8 日，美国司法部宣布，将通过司法途径请求苹果公司协助“解锁”一起发生在纽约的毒品案件犯罪嫌疑人的苹果手机。[3]

显然，苹果公司今后将越来越多地面临类似的协助请求，它不会是最后一家面临如此困境的公司，美国也不会是最后一个提出类似要求的政府。正如库克所说，一旦这种解锁软件被研发出来，那将对所有用户的隐私构成威胁。解密技术并非研发者或者执法者的专利，如果类似软件被不法分子研发出来，那将是全球的隐私灾难。

---

〔1〕《FBI：尚未决定是否告知苹果手机解锁细节》，载http://news. ifeng. com/a/20160408/48395245_0. shtml，最后访问日期：2016 年 2 月 19 日。

〔2〕《第三方成功解锁枪手苹果手机，FBI 失去信誉成唯一输家》，载 http://news. xinhuanet. com/world/2016 - 03/30/c_128846606. htm，最后访问日期：2016 年 3 月 30 日。

〔3〕《美国司法部再施压，要求“苹果”协助解锁手机》，载 http://news. xinhuanet. com/world/2016 - 04/10/c_128878831. htm，最后访问日期：2016 年 4 月 10 日。

信息技术的发展直接导致了可能的搜查与扣押行为在方式、范围等方面的变化，这也是21世纪以来立法与司法急需解决的问题。美国宪法禁止政府部门对公民人身、住宅、文件和财产进行无理由搜查和扣押，并要求搜查和扣押状的发出具备充分的理由。而不同于有形的房屋、汽车等物品，电子信息有着其他隐私权利客体没有的特点：

第一，电子信息具有海量性特点。传统的信息载体，如信件、书本、报纸、照片、磁带和录像带等，可以承载一定数量的信息。而电子器材，如光盘、优盘、手机、移动硬盘、电脑、平板电脑，网络信息平台，数据库和云服务平台等不仅将信息存储数量扩大到传统信息载体的千万倍，更将信息载体的体积不断缩小。一本50万字的实体书同它的数字化版本有多少差异呢？我们假设一本10万字的书有500页，500克重。以TXT[1]文本为例，一个汉字占用两个字节，那么1k空间可以存储500字。以此推算，一本50万字的图书占用磁盘空间1M，一个重约300克的1TB移动硬盘可以装大约100万本书，相当于一座中等规模的图书馆。基于电子信息存储设备体积小、容量大、易修改、易携带这一特点，越来越多的个人、机构和政府部门选择用各种电子设备存储信息。据报道，"2023年第四季度，全球智能手机产量为3.37亿部，同比增长达12.1%"。[2]《日本

---

〔1〕 TXT是微软在操作系统上附带的一种文本格式，是最常见的一种文件格式，早在DOS时代应用就很多，主要用于存储文本信息，即文字信息，现在的操作系统大多使用记事本等程序保存，大多数软件都可以查看，如记事本、浏览器等。

〔2〕 《2023年Q4手机产量报告出炉：苹果23.3%稳坐第一》，载 https://new.qq.com/rain/a/20240312A05EHE00，最后访问日期：2024年3月16日。

经济新闻》报道，目前全球智能手机普及率已达 65%。[1]

然而，电子存储设备的海量性特点把大量个人信息压缩至一个狭小空间，一旦丢失，将造成隐私泄露的灾难。例如，2008 年在中国香港闹得沸沸扬扬的"艳照门"事件的起因就是电脑维修人员在为香港男星陈某希维修电脑的过程中，通过硬盘恢复软件还原出已经被删除的一千余张陈某希与多位香港女明星的不雅照片。维修人员私自在网络论坛曝光这些照片引发丑闻，直接导致香港一众当红明星淡出娱乐圈，受到全球关注。中央电视台、新华社、英国《独立报》、美国《华尔街日报》和澳大利亚《悉尼先驱晨报》等国内外主流媒体均进行过详细报道。

第二，电子信息具有隐蔽性。电子信息须借助一定的载体存储。相比于有形物，电子信息不易被发现。此外，电子文档可以轻松转移位置，可以设置隐藏显示，即使被删除后，仍然可以通过软件恢复。这种特点带来了新的问题。

"美国诉凯里案"（United States v. Carey，后文简称"凯里案"）[2]发生在 1999 年。帕崔克·J. 凯里（Patrich J. Carey）因涉嫌非法持有和出售可卡因而被警方调查。在获准逮捕凯里后，警察在其住处发现吸毒设备。一名警察询问凯里是否允许他们搜查他的住处，并告知凯里如果他拒绝，警方将申请搜查令。其后，凯里同意警察搜查其房屋，为防止搜查行为毁坏房屋，

---

〔1〕 《「科学强国」智能手机或将于 2050 年退场，人类未来靠什么通信?》，载 https://baijiahao.baidu.com/s? id = 1782686642778480708&wfr = spider&for = pc，最后访问日期：2024 年 3 月 16 日。

〔2〕 172 F. 3d 1268 (10th Cir. 1999).

凯里还指引警方如何找到涉毒物品。凯里所签署的书面同意书还特别写明，"如果有必要，我同意警察将相关物品带走"。警察在搜查过程中带走了一些毒品和其他可能与毒品销售有关的物品，其中包括凯里的两台电脑。警方其后在其电脑中发现了儿童色情照片。凯里后因持有儿童色情照片被起诉。他请求法庭排除这些照片证据，理由是对其电脑内容的搜查超越了其允许的范围。由于警方无法事先证明儿童色情图片的存在，因此若想打开文件则需要搜查令。依据先前判例，[1]除非以下情况，警察不得扣押物品成为证据：①警察合法地通过"一般视角"（Plain view）观察到该物品；②该物品的涉罪属性清楚直白，警察有合理理由相信它是走私而来或者是刑事证据；③警察有其他合法理由取得该物品。警方辩称，负责查看文档的警察打开文档查看的做法符合一般视角，因为如果不这么做，他们不能确定该文档是否与毒品案件有关。

　　而法庭认为，由于电脑中存储的信息种类并不仅限于一种，而是多种多样的。根据"美国诉塔姆拉案"（United States v. Tamura）[2]的判决，警方搜查电脑的搜查令必须明确区分涉案文件与非涉案文件。而警方有能力通过文档名称、文档属性和大小等内容区分文件是否属于毒品案件的需要。因此，警方对儿童色情照片的查看超越了授权，须排除证据资格。

　　而在"美国诉霍尔案"（United States v. Hall）[3]中，电脑

---

　　[1]　Coolidge v. New Hampshire, 403 U. S. 443, 465, 91 S. Ct. 2022, 29 L. Ed. 2d 564 (1971).

　　[2]　United States v. Tamura, 694 F. 2d 591, 595 –96 (9th Cir. 1982).

　　[3]　142 F. 3d 988 (7th Cir. 1998).

维修店的技术人员在电脑中发现儿童色情照片并报警的行为并不违反美国宪法第四修正案，因为电脑维修人员的行为是应电脑主人的要求且以修理该电脑为目的。值得注意的是，如果该工程人员在报警后应警察要求而作出复制电脑文件等行为则构成对美国宪法第四修正案的违反。

"美国诉莱斯案"（United States v. Reyes，后文简称"莱斯案"）[1]的判决却与"凯里案"不同。警察在经车主同意后搜查一辆汽车并搜到一个寻呼机，进而搜查了该寻呼机内的号码。法院认为，当事人同意搜查汽车则应该知道车内打开的、关闭的物品都有可能被搜查。因此，对寻呼机内号码的搜查并未超过同意搜查的范围。相比"凯里案"，"莱斯案"中寻呼的号码就不具有隐蔽性这一特点。只要将寻呼机开机，其中的号码一目了然。

本书认为，这些细节的差异，有时使隐私权问题看起来复杂，也正是因为这种细致的区分，才使得我们在纷繁的案情中能理出头绪，一步步厘清隐私保护的条件和范围。

---

〔1〕　922 F. Supp. 818（S. D. N. Y. 1996）.

# 第四章　隐私权的抗辩理由

## 一、公共利益

有学者认为，"在信息社会，信息不仅具有经济价值，而且具有公共资源的政治价值"。[1] 恩格斯曾在《马克思恩格斯全集》中提出过个体在一定情况下应当为了更高价值的政治利益牺牲个人隐私的观点："个人隐私应受法律的保护，但个人隐私与重要的公共利益——政治生活发生联系的时候，个人隐私就不是一般意义上的私事，而是属于政治的一部分，它不再受隐私权的保护，它应成为历史记载和新闻报道不可回避的内容。"[2]

公共利益同隐私权之间的冲突并不难理解。隐私权是一种"自私"的权利，它要求社会中的他者尊重隐私权人渴望安宁和自尊的需求。这种对外界干扰的排除权有一个前提，即不对社

---

〔1〕 齐爱民：《拯救信息社会中的人格——个人信息保护法总论》，北京大学出版社 2009 年版，第 21 页。

〔2〕 《马克思恩格斯全集（第 18 卷）》，人民出版社 1964 年版，第 591 页，转引自胡东：《政府信息公开与公民隐私权的保护》，载《黑龙江社会科学》2008 年第 4 期。

会中的大多数带来威胁或者损失。当一种属于群体中的多数他者的共同利益存在时，个体的隐私权则需要作出让步。

　　大法官布伦南（Brennan）在"纽约时报诉沙利文案"（New York Times Co. v. Sullivan，后文简称"沙利文案"）[1]的判决指出，"纽约时报所刊登的广告是为了一项具有最高的公共利益的社会运动争取经济支持……公共利益比上诉人或者其他人的利益更为重要"。麻宝斌认为，公共利益主要涉及社会群体在生存和发展两方面的价值。[2] 这一点同亚里士多德的观点不谋而合，即所有共同体都是为着某种善而建立起来的，因为人的一切行为都是为着他们认为的善。亚里士多德所说的"善"，就是社会中的多数的利益，即"公众利益"。孙笑侠将公共利益定义成一种独立于个人利益之外的特殊利益，具有整体性和普遍性两个特点。也就是说，社会公共利益代表着整个社会的利益，其内容上具有普遍性。

　　然而，"公共利益"是一个宽泛而模糊的概念，尚没有明确的内涵和外延。它在美国联邦最高法院的判决中，存在 public interest，public good，public concern，general interest，society's interest 等多种表达方式。因此，实践中具体利益的权衡和取舍就需要依靠法官的自由裁量。

　　1978 年的"美国诉西屋电力公司案"（United States v. Westinghouse）[3]就是有关公众利益的典型案例。美国政府在 1970 年出台《国家职业安全与健康法》（the Occupational Safety and Health Act）旨在建立和完善职业安全与健康标准的国家职

---

〔1〕　New York Times Co. v. Sullivan, 376 U. S. 254（1964）.

〔2〕　麻宝斌：《公共利益与公共悖论》，载《江苏社会科学》2002 年第 1 期。

〔3〕　638F. 2d 570（3d Cir. 1980）.

业安全与健康研究院（The National Institute for Occupational Safety and Health）应运而生。1978 年 4 月，国家职业安全与健康研究院出于生产安全目的对西屋电力公司开展了一项调查，并要求该公司提供相关员工的完整健康报告。西屋电力公司起初拒绝提供，之后提供了部分员工健康资料。国家职业安全与健康研究院的一名医生威尔阔克（Wilcox）在对 28 名员工进行血液测试和面诊之后，发现其中 12 人血液中含有有害成分六氢苯酐。威尔阔克再次向西屋电力公司申请员工健康报告。对方在回复中提出两点要求：①相关员工同意公开相关信息的书面凭证；②美国政府出具不向第三方公开相关信息的书面保证。

国家职业安全与健康研究院随即向法院申请传票。出于公众利益的考虑，法院认为西屋电力公司有必要提供员工健康信息，并相信国家职业安全与健康研究院可以有效防止可识别的身份信息外泄。法庭认为：向医生、医疗机构、保险公司和公共健康机构披露医疗信息并不必然意味着对隐私的侵犯。一个人对自己个人信息的掌控权并不是绝对的。当公共利益或者公共健康的价值超越个人隐私的价值时，我们有理由获取这些私人信息。政府在权衡上述两者时，应当考虑：①被要求披露的信息种类；②未经允许的披露行为是否可能带来伤害；③对当事人的伤害程度；④是否有充分的措施防止未授权的披露行为；⑤对信息公开的需要是否迫切；⑥披露行为是否有法律授权。[1]

美国第三巡回法庭最终判决西屋电力公司向国家职业安全与健康研究院披露因工作原因在污染环境中工作的员工们的完

---

〔1〕 638F. 2d 570（3d Cir. 1980）.

整健康报告，以帮助后者建立职业安全与健康标准。通过判决中所列 6 条权衡标准可以看出，法庭认为顺利建立和完善职业安全与健康标准符合更多职业者的共同利益，因此决定牺牲少数人的隐私利益以造福更多职业者。这种对隐私的牺牲并不意味着对隐私利益的否定，也不意味着公共利益可以任意践踏个人隐私，而是在相互冲突的利益之中做选择。

有研究者总结出为公共利益限制隐私权所遵循的四个原则：其一，目的合理原则。公共利益对隐私权的限制必须出于"一般公民所理解和接受"的范围，而且这种限制不是绝对的。其二，比例原则。公共利益对于隐私权的限制应当谨慎权衡必要性及其社会影响，选择适当手段、方法，降低对隐私利益的损害。其三，法律保留原则。对隐私权限制的决定权仅限于立法机关，其他任何人或者组织无权限制隐私权。其四，明确性原则。立法机关的相关法律必须明确、肯定。"法律必须在措辞上足够清楚，以向公民说明在何种情形和条件下，公共权力机构有权来干涉私人生活；必须清楚注明其授权范围及其所行使的方式；对法律所要求的有关准确度，取决于特殊事务，以对个人提供合适保护，使之免受任意干涉。"[1]

## 二、公众人物

相比于普通人，公共利益对于公众人物的隐私限制更多。

---

〔1〕　茅珠芳：《论隐私权与公共利益的冲突与平衡》，载《理论观察》2010 年第 6 期。

提到"公众人物"这一概念，就不得不提及"沙利文案"。1960年 3 月 29 日，纽约时报应要求刊登了一民权运动组织声援"马丁·路德·金和争取南方自由委员会"的一则社论式广告。这篇题为《关注他们的呐喊》（Heed their Rising Voices）的广告呼吁社会各界人士积极支持马丁·路德·金和南方民权运动，并对阿拉巴马州蒙哥马利市警察局镇压黑人抗议活动的行径进行了披露和抨击。该市警察局长沙利文（Sullivan）以该广告的内容不实、侵犯了他的名誉权为由向州地区法院起诉《纽约时报》诽谤。经查明，部分广告与事实确有出入，法院因此判决《纽约时报》诽谤成立，需向沙利文支付总共 50 万美元作为损害赔偿及惩罚性赔偿。因此案涉及美国宪法第一修正案关于言论自由相关内容，美国联邦最高法院主动提审此案，布伦南大法官代表法庭发表意见，他在判决书中认定，"面对政府官员因职务行为受到批评而提出诽谤诉讼的案件，阿拉巴马州法院援引的法律规则存在宪法缺陷，不能保护宪法第一和第十四修正案所认可的言论和出版自由"。在作出撤销原判的判决后，布伦南大法官用长达 28 页的论述解释了判决理由。此判决所确立的"沙利文原则"（Times-Sullivan Rule）规定，除非能证明相关言论系出于"实际恶意"（actual malice）且有清楚无误而令人信服的证据（convicing clarity or clear and cinviving evidence），否则联邦法律禁止政府官员因其行政行为受到言论诟病而受到补偿。虽然布伦南法官并没有在判决书中对"公共官员"或者"公众人物"给出明确的概念，但本判决中蕴含的公共官员有义务在一定程度上容忍外界批评的观点对后世诸多判决产生影响。两年后，他在

"罗森布拉特诉贝尔案"（Rosenblat v. Baer）[1]中再次谈及"公共官员"，"公共官员的定义至少还适用于在政府官僚阶层中担任公职的人，或者曾在公众前出现并且负有重大责任的前政府官员，以及控制政府行为的前政府官员"。在 1967 年的"柯蒂斯出版公司诉巴茨案"（Curtis Publishing Co v. Butts）[2]中，联邦最高法院提出了公众人物（public figure）这一概念。在"罗森布卢姆诉都会媒介公司案"（Rosenbloom v. Metromedia，Inc）[3]中，大法官布伦南、博格、布莱克曼将"沙利文原则"进一步延伸至"所有关于公共事务的讨论，不管所涉及的是著名人士还是匿名人士"。在"格茨诉罗伯特韦尔奇公司案"（Gertz v. Robert Welch，Inc）[4]中，联邦最高法院对于什么是"公众人物"做了进一步阐述，并将其分为"完全的社会名流"（all purpose public figure）和"受限的社会名流"（limited public figure）两种。明确"如果媒体在涉及公共利益的报道中发表虚假言论，而言论对象是公共官员或者其他公众人物，则美国不得利用'沙利文原则'主张免责"。[5]

王利明认为，"公众人物"指因特殊地位或表现而为公众所瞩目者，如各级政府官员、主动寻求公众评价的各种公开的

---

〔1〕 Rosenblat v. Baer, 383U. 5. 75 (1966).

〔2〕 Curtis Publishing Co v. Butts, 1967.

〔3〕 Rosenbloom v. Metromedia，Inc. 403 U. S. 29, 1 Med. L. Rptr. 1597 (1971).

〔4〕 Gertz v. Robert Welch，Inc. 418 U. S. 423 (1974). 原告艾莫尔·格茨是一名律师，因代理一起警察杀人案件遭到《美国意见》杂志的攻击。该杂志在没有任何证据的情况下，称格茨捏造案情陷害那位警察。格茨因此提起诽谤诉讼。该案焦点在于，作为律师的格茨是否属于公众人物。

〔5〕 Gertz v. Robert Welch, Inc. 418 U. S. 423 (1974).

候选人、体育艺术明星、因重大不凡表现而影响社会的发明家和企业家等。慕明春将公众人物分为四种类型：①以政府官员为代表的权力资源型公众人物，位高权重，掌握政治话语权；②以企业家为代表的财富资源型公众人物，经济实力雄厚，部分人有着传奇式个人经历；③以文体明星为代表的注意力资源型公众人物，拥有非凡技能，成为大众、特别是青少年追捧的偶像；④以社会公知为代表的智力资源型公众人物，这些人学识深厚，掌握时代脉搏，有时能充当舆论领袖的角色。[1]

一般来讲，公众人物都具备一定的社会影响力和知名度，他们部分言行、举止涉及公共利益或者能够引起公共兴趣。王利明特别强调，"自愿"进入公众视野对于公众人物这一身份的重要性。"尽管非自愿卷入某些涉及公共利益的事件中的公众人物具有一定的知名度，公众对其具有浓厚兴趣，但是这来源于涉及公共利益的事件本身，所以不得因此而对其课以隐私权等方面的限制。"[2]隐私权本身就是一个"不被打扰的权利"，如果当事人非自愿地成为新闻人物，法律再扣给其一个公众人物的帽子，使得对其隐私的侵犯合法化，这显然构成对人格尊严的践踏，是不合理的。一个人的某些言论、行为公之于众，并不代表他就此失去了隐私期待的权利。毕竟对于言行的公开和对隐私的公开的程度不同，尽管有时上述两者可能相重合。

精神分析学家弗洛伊德的精神分析学理论可在一定程度上解释大众对于公众人物隐私的强烈好奇。该理论将人类完

---

〔1〕　慕明春：《新闻侵害隐私权的抗辩事由》，载《当代传播》2004 年第 3 期。

〔2〕　王利明：《公众人物人格权的限制和保护》，载王利明、葛维宝主编：《中美法学前沿对话——人格权法及侵权法专题研究》，中国法制出版社 2006 年版，第 9 页。

整的人格结构分为本我（identification）、自我（ego）和超我（super-ago）三部分。[1]有研究者认为，对于社会中广泛得到公众关注的个体，如政治家、社会知名人士和"突然进入公众事件的普通人"，看惯他们在聚光灯下塑造的完美形象（超我）的大众，对他们神秘的"自我"和"本我"更感兴趣。[2]

　公众人物掌握着顶级的政治、经济和文化资源，属于社会精英阶层。因此，出于实现社会监督和公众知情权的目的，有必要向社会展示公众人物言行举止、财产和社会关系等信息。目前学者们普遍接受"公众人物应适当让渡隐私利益"的观点。张新宝认为，在所有的公众人物中，政府官员隐私利益受到的限制最多，包括：①行为背景之公开；②个人生活的公开的道德方面的检验；③财产登记与申报；④在公共场所和公务活动中，无条件地受到公众和新闻界的关注、监督；⑤不经其本人之事先同意，可刊登其照片，发表有关其背景、操行、活动的消息、评论等。[3]

　2014年4月26日，美国网络媒体《TMZ》曝光了一段有关美国NBA快船队老板唐纳德·斯特林（Dpnald Sterling）及其女友斯蒂维诺（V. Stiviano）私人对话的录音。斯特林在录音中指责

---

〔1〕　依照弗洛伊德的理论，"本我"（完全潜意识）代表人类的生物本性，以快乐为原则，不受社会规则和道德约束，代表人最为基本的欲望；"自我"（大部分有意识）个体在现实规则的约束下，通过感知、思考和判断作出选择；"超我"（部分有意识）是人性最无私、美好的部分，是人在他人面前刻意塑造的美好形象，它可能与真实的人性有较大出入。

〔2〕　向淑君：《敞开与遮蔽——新媒介时代的隐私问题研究》，武汉大学2009年博士学位论文。

〔3〕　张新宝：《隐私权的法律保护》，群众出版社1997年版，第99页。

斯蒂维诺将她与黑人朋友的合影放在个人主页上，并称"更不要带'魔术师'约翰逊来（参加快船队活动）"。这段明显带有种族歧视的言论一经曝光就在全美引发了轩然大波，舆论一致谴责斯特林种族歧视。5 天后，NBA 宣布对斯特林处以终身禁赛加罚款 250 万美元的处分。5 月 12 日，斯特林在接受采访时公开道歉。

有学者通过美国司法实践总结了有关公众人物的细化规则：其一，美国承认公众人物这一身份的时间性和地域性，对当事人隐私的显示不能超越合理的时间和空间；其二，除非达到家喻户晓的程度，否则不能依据行业内的名声认定某人为公众人物；其三，申请获得公立项目或者公益基金资助的人不因此成为公众人物；其四，因偶然事件走入公众视线的普通人，除非其知名度达到一定程度，否则不能认定为公众人物；其五，偶尔的媒体采访、报道并不能使一个普通人成为公众人物。[1]

本书认为，公众人物这一特殊身份通常意味着不完整的隐私权，因此在认定这一身份时应当格外小心、谨慎。滥用这一身份为隐私侵权作掩护的行为无疑是对人权的践踏和亵渎。

# 三、公共空间

公共空间（Public Spaced），又称公共场所（Public Place）、公共区域（Public Area）、公共领域（Public Domain）。本书倾向

---

〔1〕 ［美〕T. 巴顿·卡特等著，黄列译：《大众传播法概要》，中国社会科学出版社 1997 年版，第 56－61 页。

使用公共空间这一说法，相比之下，它更为中性，既包括物理空间，又包括虚拟空间。

传统的公共空间定义趋向于从开放性、共享性的角度界定物理空间。例如，美国学者麦克斯·古尔哥斯（Max Guiguis）归纳出公共空间的三个特点：①该场所不限制公众访问；②该场所处于公众视线能够所及的位置；③公众可以自由出入。[1]公共道路、广场、公园、博物馆、音乐厅、电影院、餐厅、购物中心、邮局、机场、车站，这些都符合公共空间的特点。邓河认为，应当建立公共场所的隐私保护标准：①应当将隐私保护的需求纳入所有公共场所的设计规划中，让公共场所的设计符合隐私保护需求；②"公共场所对个人隐私的保护以不影响基本的公共秩序和公共需要为必要限度"；③"公共场所对个人隐私权的保护以自然人的一般隐私利益为范围"。[2]

物理性公共空间隐私权的核心问题在于如何区分公共空间和私人空间，以及个体在公共空间享有多大程度的隐私期待利益。"卡洛琳诉德国案"是有关物理性公共空间问题的典型案例。卡洛琳是摩洛哥兰尼埃三世亲王与前好莱坞影星格蕾丝·凯利的女儿。作为一位公主，卡洛琳经常代表王室参加一些公开活动。1993 年到 1999 年间，卡洛琳先后三次因三组不同照片指控出版公司侵犯了德国基本法中有关私生活和肖像权受法律保护的规定。她先后向汉堡地方法院、汉堡上诉法院、德国联

---

〔1〕　Max Guirguis, " Electronic Visual Surveillance and the Reasonable Expectation of Privacy", *Journal of Technology Law and Policy*, Vol. 9, No. 2., 2004, pp. 143–181.

〔2〕　邓河：《论公共场所的个人隐私权保护》，载《山西师大学报（社会科学版）》2006 年第 2 期。

邦法院和德国宪法法院起诉或上诉，各法院均以其为绝对公众人物为由，认定她应当容忍生活照片的公开。

此案的焦点之一就是如何界定绝对公众人物在公共空间对其隐私限制的容忍义务。汉堡地方法院和上诉法院认为，法律对于绝对公众人物的隐私权保护仅限于住宅，绝对公众人物在公共空间内不享有隐私权。德国联邦法院将上述范围延伸至住宅范围以外，包括远离公众视线的独立空间。该法院将独立空间界定为，当事人认为处于某一空间之内能够远离公众目光，而其他人能明确了解此人身处此空间是基于独处意愿的、行为方式异于公众空间的地方。德国宪法法院认为，在界定绝对公众人物隐私权保护范围时，除了考虑是否处于独立空间，还应当考虑新闻报道内容是否符合公众合理的知情权。[1] 2000 年，卡洛琳向欧洲人权法院起诉德国违反《欧洲人权公约》第 8 条规定。[2] 双方最终达成和解，由德国赔偿卡洛琳 115 000 欧元。欧洲人权法院认为，公众人物私生活受保护范围不以住宅为界限。即使在公共空间，公众人物同样享有隐私的合理期待。除了主观上的隐私期待，在确定是否对公众人物在公共空间的隐私予以保护时，还应当考虑当事人是否正在从事公共事务，以及相关信息是否能够被普通公众轻易获得。

有关公共空间隐私权的一个重要议题就是图像监控问题。

---

〔1〕 详见曾丽：《论人权保护对人格权发展的推动作用——以卡洛琳诉德国案中〈欧洲人权公约〉推动德国隐私权发展为例》，载《学术探索》2012 年第 9 期。

〔2〕《欧洲人权公约》第 8 条规定：1. 人人享有其私人和家庭生活、住所和通信受到尊重的权利。2. 公权机构不得干涉上述权利的行使，但是依照法律及在民主社会中为了国家安全、公共安全或国家的经济福利的利益，为了预防混乱或犯罪、为了保护民众健康或道德风尚、或是为了保护他人的权利与自由的必要而进行干预者，不在此限。

在 1984 年"美国诉托瑞斯案"（States v. Torres）[1]中，法院已经认识到不加限制地安装和使用摄像监控装置将对隐私权构成威胁。罗伯特·比泽（Robert Beezer）法官在"美国诉塔克塔案"（United States v. Taketa）[2]中指出：个体对于摄像头的隐私合理期待强于其对人工搜查的隐私合理期待。1994 年的"夏威夷州诉伯奈尔案"（State v. Bonnell）[3]的焦点在于公开在邮局员工休息室内安置监控摄像头的行为是否构成对美国宪法第四修正案的侵犯。夏威夷州最高法院判决认定："对员工休息室的拍摄行为并未获得第三方认可（third party consent），他们在该休息室具有隐私合理期待。"

尽管饱受争议，监控技术在仍在全球范围内得到广泛认可和应用。据报道，自"9·11"恐怖袭击后，美国政府陆续在街道、地铁、公共广场和办公大楼等场所密集安装监控摄像装置。在我国，近年来，为打击犯罪、治安防范、服务民生，相关部门大力推进视频监控系统建设，公共监控摄像头在安全保障方面扮演着越来越重要的角色。2015 年国庆期间，北京市共投入视频巡控人员 4300 余人，实现城区及郊区监控摄像头 100% 覆盖。同年，发展改革委等 9 个部门出台意见，提出"到 2020 年，基本实现全域覆盖、全网共享、全时可用、全程可控的公共安全视频监控建设联网应用"[4]

〔1〕 751 F. 2d875，882（7th Cir. 1984）.
〔2〕 923F. 2d665，667（1991）.
〔3〕 856P. 2d1265，1277（Haw. 1993）.
〔4〕《九部门：2020 年实现公共安全视频监控全域覆盖全网共享》，载 https://www. gov. cn/xinwen/2015－05/13/content_2861516. htm，最后访问日期：2024 年 3 月 16 日。

不可否认，监控技术在安保领域起到了积极作用。2013 年 4 月 15 日，美国波士顿突发爆炸事件。3 天后，美国联邦调查局公布事发现场监控录像捕捉到的两名嫌疑人照片，呼吁公众提供线索。上述照片清楚展示出其中一名嫌疑人"身穿深色外套、浅色裤子，头戴深色棒球帽，背黑色背包"，另一名嫌疑人"身穿深色衣裤，头戴白色棒球帽，背浅色背包"。不久，凭借此照片嫌疑人便已落网。

当今电子科技的发展几乎渗入了人类生活的所有细节。生活在北京、上海、纽约和芝加哥等超级城市的人们，甚至能在网络空间找到自己现实生活的"镜像"。

公共空间隐私保护问题的讨论越发集中于信息的收集和观察。[1]单纯依赖隐私期待合理理论所作出的判决已不足以令人信服。在"加利福尼亚诉西拉奥洛案"（California v. Ciraolo）[2]中，联邦最高法院认定警方在未获得搜查证的情况下，驾驶飞机从 1000 英尺公共飞行区域观察此案被告在自己后院（其后院距离属于住所一部分的庭院只有一步之遥）种植大麻的情况并未侵犯被告人的隐私合理期待。根据"卡茨案"中确立的隐私合理期待理论，判断搜查行为是否违反美国宪法第四修正案，应该考虑两个因素：其一，公民是否享有主观隐私期待；其二，这种隐私期待是否被社会认为合理。本案中，西拉奥洛在后院周围建造了 3.04 米和 1.83 米高的两座篱笆围墙。可见

---

〔1〕 Peter M. Asaro, Robots, "Micro-Airspaces, and the Future of 'Public Space'", see http://robots. law. miami. edu/2014/wp-content/uploads/2013/06/Asaro-Micro-Airspaces. pdf, 最后访问日期：2013 年 5 月 14 日。

〔2〕 476 U. S. 207.

他并不希望别人知道自己种植大麻一事。被告认为，其后院与庭院相连，而庭院在传统的公共空间理论中属于住宅的一部分，是不可侵犯的私人空间。因此，警方在未取得搜查证的情况下对后院进行观察是对其隐私的侵犯。而联邦最高法院认为，后院与庭院的位置关系并不意味着警方完全不能对后院进行观察。如果公民知道其隐私有可能暴露于公众视野，即使他身处私人住宅或者办公室内，他都不能获得美国宪法第四修正案的保护。

　　本书认为，美国联邦最高法院的判决合理。隐私利益的保护依据已经愈发脱离物理空间的约束。举例来说，假设公民在自己居住的公寓一层内从事犯罪活动，且没有拉上百叶窗或窗帘，而此时巡逻警察从窗前经过并观察到室内情况。那么警察的观察行为并不构成对美国宪法第四修正案的侵犯。

　　发生在 2004 年"美国诉琼斯案"（United States v. Jones）[1]涉及的空间问题更为抽象。正因如此，法官在判决此案时提出了几种不同的观点和理论。安托万·琼斯（Antoine Jones）因涉嫌运送毒品被哥伦比亚特区警察局调查。警方对琼斯采取行了包括监听电话、视觉监控以及在其经常到访的夜店附近安装固定摄像设备等多种调查手段。此外，警方还获得授权对其使用的汽车进行追踪定位。然而，负责对其汽车安装 GPS 追踪定位设备的联邦探员在实际操作中不仅超越了上述授权所规定的地理范围，还超过了时间期限。最终，上述装置成功追踪琼斯行踪 4 个星期，追踪所得资料被实时传送回

---

〔1〕　　132 S. Ct. 945，565 U. S. 400（2012）.

司法部门。通过对回传数据的分析，警方对琼斯经常出入的几个地点进行突击搜捕，并发现了毒品、枪支和现金。随后，琼斯因共谋贩卖、运输可卡因遭到起诉。初审中，琼斯要求排除通过 GPS 追踪定位而获得的证据。初审法院排除了当汽车停放于琼斯家车库时 GPS 定位设备获取的证据，但仍驳回了琼斯的整体请求，并认定琼斯罪名成立。二审法院维持原判。琼斯继而上诉至哥伦比亚特区巡回上诉法院，该法院认定警方在未获得授权的情况下对琼斯进行的超长时间 GPS 追踪行为收集了琼斯在该时间段内的大量生活细节，全面而具体地暴露了他的私人生活，因此侵犯了其对隐私的合理期待。

美国政府对上述判决不服，最终上诉至美国联邦最高法院，主要理由如下：①行驶中的车辆暴露在公共空间，因此琼斯对其车辆的位置信息不享有隐私期待利益；②由于 GPS 追踪设备放置于琼斯汽车的外表，琼斯不能期待这种可能性完全不会发生，因此美国政府安装 GPS 追踪设备的行为并未侵犯其隐私期待；③GPS 追踪装置所获取的有关琼斯的隐私信息仅限于其车辆位置，而这一信息完全可以通过对公路的视频监控获取。[1]即使琼斯享有隐私利益，美国政府的大规模缉毒行动代表公共利益，其价值超过琼斯的隐私利益。

而琼斯认为：①GPS 追踪设备对其车辆的长时间的监控

---

〔1〕 详见 1983 年的 Knotts v. United State 一案，460 U. S. 276 (1983)，执法部门使用寻呼机对 Knotts 车辆进行为期 24 小时的追踪。法院认为，如果执法部门不使用寻呼机，而是通过对高速公路的视频监控仍然可以获得 Knotts 车辆的信息，因此执法部门的行为不违反美国宪法第四修正案。

"达到了视频监控或其他手段所不能达到的详尽程度"。由于隐私权利人在公共空间的长达一个月的完整行踪并不可能通过观察被他人完全掌握，因此警方获取的"位移地图"具有独特的隐私价值。②社会大众有理由期待自己的交通工具不会在不知情的情况下被安装 GPS 追踪设备。政府的行为不仅侵犯了其隐私合理期待，还侵犯了他对汽车的所有权。[1]③对犯罪行为的合理怀疑并不能成为政府可以在未获得授权的情况对公民汽车安装 GPS 追踪设备的理由。由于 GPS 追踪的追踪成本远低于视频监控，放任政府的这种行为将使所有有嫌疑的公民成为政府监控的对象。[2]

　　法庭最终以 5∶4 的微弱差异判决美国政府的行为构成美国宪法第四修正案中的"搜查"。大法官斯卡利亚代表法庭发表主要意见，他说，自"卡茨案"之后，多数司法判例已经从传统的财产权转向利用隐私合理期待理论评判政府行为是否构成对美国宪法第四修正案的侵犯。在引述"奥德曼诉美国案"（Alderman v. United States）和"索杜诉库克县案"（Soldal v. Cook County）等判决之后，他得出如下结论：传统的侵入理论（trespassory approach）并没有完全被放弃。因为政府安装

　　[1]　在 1961 年的 Silverman v. United States 案中，365 U. S. 505（1961），法院认定美国政府在当事人家中的导热管上安装钉子窃听器的行为影响导热管正常使用，因此侵犯了其财产权。

　　[2]　参见美国联邦最高法院有关琼斯一案判决书，32. S. Gt. 945，565. U. S. 400（2012）；以及林泰松、韩林平：《公众对于免受 GPS 监控是否享有合理隐私期待——美国 Jones v. United States 一案的评析》，载张民安主编：《美国当代隐私权研究——美国隐私权的界定、类型、基础以及分析方法》，中山大学出版社 2013 年版，第 452－454 页。

GPS 追踪设备获取信息的行为构成"侵入"，所以这种行为构成对美国宪法第四修正案的侵犯。

大法官塞缪·阿利托（Samuel Alito）代表持反对意见的四位大法官就长期 GPS 追踪对隐私的侵犯问题发表意见如下：短期监控隐私权人在公共街道行动的做法并不侵犯隐私期待，但在调查中长期使用 GPS 追踪设备则相反。他认为，普通法中以财产权为基础的侵入理论并不能应用于此案涉及的电子监控问题。他认为，侵入行为既不是构成侵犯隐私合理期待的充分条件，也不是它的必要条件。[1] "长期的监控能泄露短期监控所不能泄露的多种信息。例如，一个人重复性地做哪些事，或者从不做哪些事。这些信息比一次单一旅行所泄露的信息多得多。一个人在一定的时间里重复性地去教堂、体育馆、酒吧或者书店能说明的事情是一次单独的访问不能展示的。一个人的连续性的动向能展示很多，例如，一个女人去一次妇科诊所并不能说明什么，但如果此后数周她又去了婴儿用品商店，就足以说明一些问题了。一个人如果能完全掌握另一个人的行程，比如他是否定期去教堂，是否是个酒鬼，是否按时去健身房，是否是一个病人等，那么他就能推导出这个人到底是一个什么样的人。"

大法官索尼娅·索托马约尔（Sonia Sotomayor）作为第五位投赞成票的法官发表独立意见。她反对未经授权的 GPS 追踪行为，无论是出于保护财产或者隐私，也不论这种追踪行为的时

---

〔1〕 美国联邦最高法院在 1984 年的"美国诉凯罗案"（United v. Caro），468 U. S. 705（1984）中认定，单纯的侵犯行为（Trespass）对于宪法所规定的搜查行为而言，"既非充分条件也非必要条件"。

间是长是短。她认为，隐私合理期待理论加强了之前的侵入理论。她同意阿利托大法官关于长期监视的观点，但她同样反对无授权的短期 GPS 追踪行为。即使是短暂的监控，GPS 仍然能精确反映出一个人的每一个移动，从而泄露他们的目的地。"人们的拨号信息或者短信内容会暴露给他们的电信服务商；他们访问的网页和他们收发电子邮件的联系人信息会暴露给网络服务商；他们购买书籍、杂物、药品等信息会暴露给网络零售商们……我不认为他们这种行为是自愿的，即因特定原因向少数公众公开信息的行为并不意味着对宪法第四修正案赋予的权利的放弃。"

通过以上案例，我们不难发现，信息时代的到来，使得公共空间对隐私利益的限制问题变得异常复杂。面对伴随新技术而来的新的隐私问题，大法官们有时也不能达成一致观点。可以肯定的是，人类必须面对这样一个事实：即使法律没有降低隐私期待标准，他们实现这一标准的可能性已经降低了。无论是财产权理论，还是隐私合理期待理论都不能解决信息化的隐私利益所带来的全部问题。

# 四、当事人未采取积极措施保护其隐私

"加州诉哈得力案"（California v. HodariD）[1]中，美国联邦最高法院判定当事人对于其在逃跑过程中丢弃的物品不再

---

〔1〕 California v. HodariD. 499 U. S. 621 (1991).

享有隐私利益。1988 年 4 月，加州奥克兰警方在巡逻时发现四五名年轻人聚集在一辆红色轿车周围。当他们发现警车靠近时即慌忙逃跑。哈得力和一名同伴向西边的小路逃去，其他人向南逃走，警察也分头追捕他们。哈得力在逃跑过程中不时回头看，但直至警察追近才看清。在此过程中，他扔掉了一个小石头状的物品（后被证实为强效可卡因）。哈得力最终被警察抓获。

在青年法庭审理过程中，哈得力以警方获得可卡因属于违反美国宪法第四修正案的非法搜查行为为由，请求排除上述可卡因作为证据。这一动议遭到青年法庭否决，而加州上诉法院却支持哈得力，加州最高法院否决了上诉。最终，美国联邦最高法院于 1990 年提审此案。最终法庭以 7∶2 判决将上述可卡因收作证据。斯卡利亚大法官发表法庭意见，认为：美国宪法第四修正案中的逮捕是指控制人或者物，而哈得力在被警方逮捕前即丢弃了可卡因。他指出在普通法中，"逮捕"一词不仅仅指追捕或者使用暴力，而是指在客观上的掌控。斯卡利亚大法官认为哈得力在被警察追上之前尚未被逮捕，而他已经丢弃了可卡因，并没有采取积极措施保护它，因此，警察的行为并不违法。

对于当事人是否采取积极措施保护隐私的认定不仅依据他的客观行为，更要区别其主观意思表示，甚至以"理性人"标准评估其行为时的心理状态。"罗格诉美国案"（Rogers v. State）[1]中，罗格把电脑送去维修店维修，电脑技术员

---

[1]　2003 Tex. App. LEXIS 4857（Tex. Ct. App. 2003）.

发现了儿童色情内容随即报警。警方其后对该电脑进行了详细检查。被告被指控持有儿童色情物品并被初审法院确认有罪。被告在上诉中以警方侵犯他对电脑的隐私合理期待为由申请排除从其电脑上获得的证据。上诉法院肯定了原审判决。法院认为，虽然被告对其电脑享有隐私利益，但他自愿将电脑送至维修点，明知维修人员可能查阅电脑中的信息，却没有删除，说明他没有作出努力保护其隐私，也就放弃了他的隐私利益。

本书认为，从信息掌控的角度来讲，公共空间的概念应当突破物理空间的束缚，当一般意义上的个体有能力发现自己不能有效防止他人收集、获取和保存自己在当时所处位置的有关信息时，他就有义务积极保护自己的隐私，否则将因未积极保护隐私而失去隐私利益。而这一"位置"，有时可能与传统意义上的私密空间相重叠，成为某一时间段的公共空间。

例如，某位母亲 A 在自己的住宅内为自己的女儿举办生日聚会，邀请自己和女儿的好友各若干。作为一个智力和社会经验正常的成年人，A 应当预见当晚会有人拍照并上传至社交网络，因此 A 不可能期待有人拍照这件事全程不会发生。因此，如果家里存有一些赃物，比如丈夫贪污所得赃款，或者自己倒卖的枪支、毒品等，A 应当提前收好。如果 A 没有这么做，而这些物品被前来参加聚会的联邦探员 B（另一个小朋友的母亲），摄入其手机，并作为证据呈交法庭。A 则不能主张排除这些照片作为证据。相反，如果 A 将上述赃物收纳至自己的卧室，而当天的派对范围仅限于 A 的客厅区域，B 因怀疑 A 藏有赃物而偷偷潜入 A 的卧室并拍摄照片，则这些照片自然不能成为证据。也就是说，如果 A 没有事先声明生日派对禁止拍照，则 A 在派对持续时间里，失去了自己对于住宅与派对活动重合部分的隐私期待利益。

"一个智力和社会经验正常的成年人"对于自我掌控力的预判能力并不是三言两语可以概括完的。在实践中，仍然需要法官的自由裁量。例如，2000 年的"邦德诉美国案"（Bond v. United States）[1]中，法院虽然认定"巴士乘客应该预见到他的手包可能面临安全检查"，但最终判决边防部门挤压原告手包的行为侵犯了其隐私期待利益，因为在通常情况下，检查人员并不会以一种"粗暴的探索方式检查手包"。

# 五、合理依据

合理依据（probable cause），又称正当理由，出自美国宪法第四修正案原文，是指当执法人员掌握的信息足以使一个正常而谨慎的人，相信犯罪行为正在发生或者已经发生，从而有充分理由获得逮捕犯罪嫌疑人的逮捕授权。《牛津美国法律百科辞典》（Oxford Companion to American Law）对于合理依据的定义是，"相关信息足以使谨慎的人相信被授权逮捕的人已犯有罪行，或者被授予搜查令的搜查行为将发现犯罪现场或者犯罪证据"。

---

[1] 529 U. S. 3 34（2000）.

"美国诉哈勃肖案"（United States v. Habershaw）[1]中，警方接到报案称有人通过扬声器对儿童大骂脏话，随机前往被告住所搜查。被告同意警察进入并查看其电脑。

警官看到了一个疑似儿童色情网站，并要求进一步搜查，在被告的帮助下，警察发现了一个 11 岁女孩的裸体照片。警方以持有非法照片为由扣押被告电脑，被告签署同意书。随后，被告还收到了一张搜查其房屋和电脑的搜查令。被告人被控持有儿童色情物品，他以没有搜查令为由请求排除在其住所搜集到的证据。他声称警方的搜查缺乏有效的许可，而所持搜查令并没有详细说明搜查内容，这违反 Fed. R. Crim. P. 41[2]的规定。法院认定被告最初的同意理当包含电脑所在房间，并且合理地认为，他的同意的范围实际上比最初的范围广泛。由于警方发现了儿童色情网站，就有理由基于合理根据原则搜查其电脑。因此，法庭认为，无论搜查令是否包含搜查电脑的内容，警方都可以基于合理根据原则搜查其电脑。

# 六、新闻自由与隐私

"观念市场理论"（Marketplace of Idear Theory），又称"真理论"，最早由英国哲学家密尔顿在其 1644 年出版的《论出版

---

〔1〕　U. S. Dist. LEXIS 8977（D. Mass. 2002）.

〔2〕　该条款对刑事程序法中的搜查和逮捕行为中的各种概念，包括搜查的范围、条件、时间和方法等进行了详细规定。并规定搜查行为不得超过授权范围。

自由》中提出。当时英国施行的出版许可制度要求所有作品在出版前必须经过专门机构的审查，否则出版商、包装商、销售者和读者都可能受到刑罚处分。密尔顿对这一制度提出抨击，他认为"禁止好书等于扼杀真理本身，破坏了瞳仁中的上帝圣象。[1]国王或者他委派的审查官并不比一般人具有更高的智慧和判断能力。真理能够在与谬论的斗争中获胜"。而约翰·密尔（John Mill）在《论自由》中提出了更为尖锐的观点："假定全体人类减一执有一种意见，而仅仅一人执有相反的意见，这时，人类要使那一人沉默并不比那一人（假如他有权利的话）要使人类沉默较可算为正当……我们永远不能确信我们所力图窒闭的意见是一个谬误的意见；假如我们确信，要窒闭它仍然是一个罪恶。"[2] 1919 年，美国法官霍姆斯（Holmes）在"亚伯拉姆诉美国案"（Abram v. United States）的反对意见中进一步完善前人观点，"……如果人们能认识到许多曾经相互争斗的信念已然为时间所颠覆，那么他们就会坚信完美的愿望应当通过思想的自由交流才能更好地达到——检验真理的最好办法就是在'市场'的竞争中凭思想自身的力量来赢得受众，而这真理是人们的愿望能够真正得以实现的唯一基础。无论如何，这才是我们的宪法原理"。[3]美国宪法第一修正案诞生于 1791 年 12 月 15 日，"国会不得制定关于下列事项的法律：确立国教或禁止信教自由；剥夺言论自由或出版自由；剥夺人民和平集会和向政府请愿申冤

〔1〕 ［英］密尔顿著，吴之椿译：《论出版自由》，商务印书馆 1958 年版，第 6 页。
〔2〕 ［英］约翰·密尔著，许宝骙译：《论自由》，商务印书馆 2019 年版，第 19 页。
〔3〕 250 U. S. 616，630（1919），转引自杨会永、李晓娟：《美国宪法第一修正案的理论阐释与媒体管制》，载《河南科技大学学报（社会科学版）》2008 年第 3 期。

的权利。"[1]王四新认为，"在美国最高法院与表达自由有关的判决中，观念市场理论占据着举足轻重的位置，成为美国最高法院保护表达自由的主要理论基础"。[2]

有关言论自由的学说有很多，例如，英国学者艾瑞克·巴伦特（Eric Barendt）认为民主论是美国较为主流的言论自由学说。[3]这一理论认为表达自由是实现民主政治的重要手段，不仅能完善政府本身，还能促进善治。[4]还有观点认为，言论自由是自我实现的一种方式。[5]言论自由是一种防御国家的不当干涉的自由（Freedom from State），在美国有着极高的地位。随着新闻业的发展，言论自由成为新闻业捍卫自己监督权的重要武器。

英国大法官丹宁（Denning）勋爵曾指出，"我认为应该有这样一条原则：如果报纸、电视是从一个可靠、负责的地方获取的信息，该信息又具有公共利益、能满足公众的知情权，那样他们就有权发表这一信息，他们不应在没有恶意的情况下承担责任"[6]，"新闻自由是公民的基本自由之一，是通过传播媒

〔1〕　Congress shall make no law respecting an establishment of religion, or prohibiting the free exercise thereof; or abridging the freedom of speech, or of the press; or the right of the people peaceably to assemble, and to petition the Government for a redress of grievances.

〔2〕　王四新：《表达自由——原理与应用》，中国传媒大学出版社2008年版，第7页。

〔3〕　[英]艾瑞克·巴伦特：《为什么要保护言论自由》，载张明杰：《开放的政府——政府信息公开法律制度研究》，中国政法大学出版社2003年版，第243-290页。

〔4〕　Vincent Blasi, "The checking Value in First Amendment Theory", *American Bar Foundation Research Journal*, Vol. 2, No. 3., 1977, pp. 521-649.

〔5〕　First National Bank of Boston v. Bellotti, 435 U. S. 765 (1978).

〔6〕　Lord Denning, *What Next in the Law*, Butterworhs London, 1989, p. 289, 转引自王春晨、姚秀盈：《隐私权与知情权、新闻自由———则案例引发的思考》，载《当代法学》2003年第11期。

介表现出来的言论、出版自由。它是指公民和新闻传播媒体在法律规定或认可的情况下，搜集、采访、写作、传递、发表、印制、发行和获知新闻或其他作品的自主性状态"。[1] 实现新闻自由有着重要的意义。魏永征等认为，"表达自由和新闻自由的实质是，限制和约束国家任意使用权力压制人民意见的表达，同时保障人民可以以表达意见的方式来影响国家权力的实施"。[2]

新闻报道难免涉及一些被报道对象的隐私，因此，自由与隐私权也存在冲突。有学者认为，"人类隐私的最大威胁在很大程度上来自新闻媒体和新闻自由的发展"，"来自个人或公权力机构的对他人隐私的威胁往往借助于媒体的功能和机制得到放大和扩张，使得现代社会的媒体具有突出的'双刃剑'功能，从而决定了表达自由（包括新闻自由）与隐私权两种权利之间均需要合理的节制和协调"。[3]这种说法不无道理。

从沃伦和布兰代斯发表《隐私权》开始，有关隐私权与言论自由之间冲突的讨论就未曾停止过。两者的冲突出现在无数案例中，双方互有胜负，可见这并不是一个可以一言以蔽之的话题。"佛罗里达星报诉 B. J. F. 案"（Flonida Star v. B. J. F.）[4]是一起言论自由与隐私权的利益平衡的典型案例。此案几经上诉，最终，"新闻自由"战胜了"隐私权"。1983 年 10 月 20 日，佛罗里达州一名妇女 B. J. F 遭遇抢劫和强奸。其后她向佛州杜瓦

〔1〕 甄树青：《论表达自由》，社会科学文献出版社 2000 年版，第 56 页。
〔2〕 魏永征、张咏华、林琳：《西方传媒的法制、管理和自律》，中国人民大学出版社 2003 年版，第 21 页。
〔3〕 张军：《新闻自由与隐私权的冲突和平衡》，载《法学评论》2007 年第 1 期。
〔4〕 491 U. S. 524.

（Duval）县警方报案。警方随机生成一份报案报告，其中包括
B. J. F 全名。这份报告随后被放置在可自由出入的媒体室中，被
派驻在该房间的佛罗里达星报社（Florida Star）的一名实习记者
随后抄录了这份报告，其中包括 B. J. F 的全名。这份抄录随后
成为该报在"警讯"栏目发表的一篇文章的素材。B. J. F. 其后
以《佛罗里达州制定法》（1987）第 794. 03 款[1]向杜瓦县巡回
法院起诉，警方在审判前与原告达成和解。而佛罗里达星报则
以第 794. 03 款内容违反美国宪法第一修正案为由，请求法庭驳
回原告诉求，该请求未得到法庭支持。

马沙尔法官（Marshall）代表法庭发表意见如下：首先，关
于言论自由和隐私权之间的矛盾，法庭认为因公开 B. J. F 的全
名而向上诉方请求损害赔偿违反美国宪法第一修正案有关言论
自由的规定。但法庭并不支持上诉方的全部主张。由于《佛罗
里达星报》公开被上诉人信息时，警方尚未开始刑事诉讼程序，
更没有锁定犯罪嫌疑人，因此该报纸的报道并没有起到舆论监
督的作用。除非出于一州的最高利益需求，否则州政府不得因
媒体公开其通过正当渠道获得的真实信息而对媒体实施处罚。
除却宪法保障的言论自由外，此结论还涉及三个原因：①政府
有足够多的方式保护可能因出版行为遭受损害的利益，比如强
奸受害人的姓名；②政府将信息公开，新闻媒体将其广而告之。
在两者都有的情况下，仅处罚新闻媒体是不公正的；③因发表真
实信息而处罚媒体可能引发媒体激冷效应（Chilling Effect）[2]。

---

〔1〕 该条款规定，利用任何大众传播工具出版和传播受害人的姓名均属违法。
〔2〕 Chilling Effect，激冷效应，又称寒蝉效应，法律用语，指在讨论言论自由或
集会自由时，人们害怕因言获罪而如寒蝉一般在冬日噤声。

其次，第794.03款的规定是否属于"出于一州最高利益"的情形也存在争议。被上诉人抗辩称，限制某些敏感信息的发表有利于被害人隐私和人身安全，且有利于被害人可以放心地向警方举报犯罪。法庭不支持被上诉人的观点：其一，政府原本可以禁止敏感信息的传播，却将信息传递给了媒体。政府的不作为在先，处罚媒体的后续传播行为并不能达到保护隐私的目的；其二，第794.03款的民事诉因采用了过于宽泛的过失标准，该条款不要求逐一确认涉案隐私信息是否给一个理性人带来不快；其三，第794.03条款自身有局限，它并不禁止通过大众传媒以外的方式传播敏感信息的行为，因此法庭怀疑该条款是否能有效保障被上诉人所列举的三项利益。

马沙尔法官最后表示，法庭不认为发表真实信息必然得到美国宪法第一修正案的保护，如果因发表合法取得的信息处罚报纸必须有充分的理由，即出于保护一州的最高利益，且必须针对个别案例。

贺文发在《言论表达与新闻出版的宪政历程——美国最高法院司法判例研究》一文中对新闻自由侵犯隐私权提出四个层次：其一，在商业广告中不法使用他人肖像、姓名；其二，以有形或者无形方法侵犯他人隐私事项；其三，非法公开他人私人事务，"即便公开信息为真实，不存在毁誉的可能"；其四，误导公众对他人形成不当印象。[1]此分类明显带有普罗瑟四分法的痕迹，另有学者认为隐私权与言论自由的冲突表现在以下三方

---

〔1〕 贺文发：《言论表达与新闻出版的宪政历程——美国最高法院司法判例研究（下册）》，中央编译出版社2015年版，第335页。

面："一是公民对政府的知政权与政府官员的隐私权之间的冲突；二是公民的言论自由与社会公众人物（如影视体育明星、文学艺术家和科学家等）的隐私权之间的冲突；三是公民的言论自由与普通公民的隐私权之间的冲突。随着社会的发展，言论自由与隐私权的冲突将会愈来愈多。"[1]邱小平认为，"出版自由这一宪法保障的主要目的也是在政府之外创设一个第四制度，以作为对立法、行政和司法三权的额外制衡"。[2]张军认为，新闻自由的实现是信息传播的保障。"在一个民主与法治的国家，只有透过承载新闻自由和言论多元的媒体，有关公众政策的公意才能顺利形成，媒体及其从业人员构成了民主政治运行的重要因素和机制。"[3]

新闻自由是民主社会的体现和保障方式之一，但这不意味着媒体的行为可以无所约束。媒体记者的工作是向大众报道新闻事件，在这一过程中，他们可能接触到社会事件中的各种人，以及他们的生活。随着采访的深入，记者很可能遇见新闻线索同私人生活的重合部分。

"米勒诉国家广播公司案"（Miller v. National Broadcasting Co.）[4]提出了另一个问题：如果电视台经被访者（如消防员、医疗队和警察等）允许跟拍，那么电视台跟随被访者进入私宅是否需要经私宅主人允许？

---

〔1〕 李先波、杨建成：《论言论自由与隐私权之协调》，载《中国法学》2003年第5期。

〔2〕 邱小平：《表达自由——美国宪法第一修正案研究》，北京大学出版社2005年版，第426页。

〔3〕 张军：《新闻自由与隐私权的冲突和平衡》，载《法学评论》2007年第1期。

〔4〕 232 Cal. Rptr. 668（1986）.

　　此案发生在 1979 年 10 月 30 日，当晚家住洛杉矶的米勒一家因丈夫戴夫·米勒突发心脏病而致电消防部门请求医疗救援。恰巧当晚国家广播公司（National Broadcasting Co.）正在为制作一个关于消防医护队的纪录片而跟拍消防医疗队的工作。在没有告知米勒一家的情况下，国家广播公司随消防医疗队员一同进入米勒的公寓，并全程拍摄消防医疗队对戴夫施救的过程。不仅如此，国家广播公司还将所拍摄画面用于当晚的新闻中，而这一做法同样未事前得到米勒一家的允许。

　　戴夫·米勒因抢救无效于当晚死亡，他的遗孀布莱妮·米勒却在数周之后意外在电视台看到了丈夫去世当晚拍摄的纪录片。布莱妮·米勒随即提起诉讼，控告国家广播公司及制片人鲁本·诺特非法侵入和侵犯隐私，并要求被告承担赔偿责任。原告声称当晚她并未意识到摄制组的到来，既没有允许他们进入也未曾请他们离开。被告之一诺特辩称，进入私宅拍摄前须经过主人同意是电视业行规，他认为当晚他随医疗队同行，原告既然请求医疗队前往施救，则征求主人同意这一流程可免，且事发当晚确有人问他在拍什么，他均据实以答，却没有人提出异议。除此之外，被告还提出自己的拍摄行为受美国宪法第一修正案保护，原告不享有诉因。

　　普通法对非法侵入的理解包含"恶意"进入和对他人造成实际损失。初审法院认为，被告侵入行为的动机是拍摄，并不带有恶意，因此并未支持原告诉讼请求。

　　而加州区域巡回法院认为即使被告侵入行为出于善意（合理的意图），被告仍应当为侵入行为承担责任。法庭认为，在

"戴特曼诉时代公司案"（Dietemann v. Time）[1]中，普通法已经判决新闻人员不能因参与被访者（如警察、医疗队等）的行动而免除侵入责任。而关于美国宪法第一修正案保护新闻自由的问题，法庭认为这种保护非常重要，但却是有限的，并非所有的新闻采访行为宪法都给予一律保护。承认此案中被告的侵入行为不构成对美国宪法第一修正案的违背，要求新闻媒体在类似情况下请求私宅主人允许而进入也不会给新闻媒体增加负担。因此，巡回法庭推翻初审法院判决。

信息社会的媒体竞争近乎惨烈，所有的媒体都在搜索有"爆点"的新闻以博取受众关注。这种有"新闻点"的新闻的传播力在互联网时代百倍于从前。2016 年 3 月 28 日，"台北 4 岁女孩当街遭割喉，母亲目睹全程"的图片、视频在各大媒体疯狂传播。[2]因具有"当街""女童""割喉""母亲目睹""随机杀人"等多个新闻点，该新闻成为数十家媒体的头条或者客户端推送文章。有些报道甚至没有对血腥的画面进行应有的技术处理即向社会公开。不难想象，这些缺乏媒体道德的报道行为将给突然痛失爱女的年轻妈妈和她的家人带来多么巨大的伤痛。新闻自由同隐私权的冲突不仅需要法律约束，还需要媒体人自身的职业道德来约束。

大法官布伦南在"时代公司诉希尔案"（Time Inc. v. Hill）的判决中的表述认可了社会进步同"曝光性公共报道"（Freedom of Speech and Exposure to Public View）之间不可避免的促进关

---

〔1〕　449 F. 2d 245.

〔2〕　《台北 4 岁女孩当街遭割喉》，载 http://news. 163. com/photoview/00AP0001/114445. html#p = BJADH9P400AP0001，最后访问日期：2016 年 3 月 28 日。

系。他说:"言论自由与新闻自由的宪法保障并不仅仅局限于对公共事务的政治表达或评论,尽管这样的保障对政府的健康运转十分关键。我们只要翻开报纸或杂志就能看到关于公共官员和普罗个体的大篇幅报道。把自我向他人不同程度地报道和曝光是与一个文明社会相伴而生的事务和现象。这种曝光的风险是一个崇尚言论与新闻自由观念的社会所必然承认和认可的生活方式。"[1]

正如美国学者艾伦所说:"隐私权有其内在的基础,他可以由直觉感知,意识见证了他的存在。任何一个智力正常的人都可以马上分辨出哪些是社会中每一位成员的私人事务,哪些是公共事务。当个人放弃他的那些具有公共性的权利时,他们会本能地反对公共势力侵犯那些带有私人性质的权利。"[2]

博客、微博、Facebook 和 X 等强影响力的信息发布渠道已经打破了传统的大众传播格局,从而提出了一个新的问题:如何界定新闻自由的主体?"公民记者胜利 1 号诉苹果公司案"(Citizen journalists win one v. Apple)[3]中,加利福尼亚上诉法院将"新闻自由"的主体拓展至新兴媒体。[4]2004 年 12 月份,苹

---

〔1〕 Time, Inc. v. Hill, 385 U. S. 374 (1967),转引自贺文发:《言论表达与新闻出版的宪政历程——美国最高法院司法判例研究(下册)》,中央编译出版社 2015 年版,第 338 页。

〔2〕 [美]阿丽塔·L. 艾伦、理查德·C. 托克音顿著,冯建妹等编译:《美国隐私法:学说、判例与立法》,中国民主制出版社 2004 年版,第 21 页。

〔3〕 Jeff Javis, "Cifizen journalists win one v. Apple", http://buzzmachine. com/2006/05/26/citizen-journalists-win-one-v-apple/,最后访问日期:2015 年 6 月 20 日。

〔4〕 New York Times, "First Amendment Applies to Internet, Appeals Court Rules", http://www. nytimes. com/2006/05/27/technology/27apple. html?_r=0,最后访问日期:2006 年 5 月 27 日。

果公司尚未发布的产品信息被人在上述博客中曝光，该公司以商业秘密受到侵犯为由起诉博客运营商胜利1号，要求其提供泄露产品信息的消息源，以便对窃取和散布商业秘密的人提出诉讼和赔偿请求。

依据美国《盾法》[1]（Shield Law），新闻记者有权拒绝公开或者指证其在新闻采访或者发表过程中获得的信息以及信息来源。此案的焦点是博客运营商是否可同传统媒体一样享有上述特权。苹果公司主张博客运营商没有合法的新闻主体资格，因此不受《盾法》保护。美国第六区域上诉法院法官康纳德·拉兴（Conrad Rushing）在判决中认定，博客等在线新闻记者（online journalists）与传统线下新闻记者（off line journalist）一样受美国宪法第一修正案保护。"我们无法区分合法的新闻和非法的新闻，因为任何法庭的这种尝试都是对宪法第一修正案的侵犯。"该判决还承认网页同样受到加州《盾法》的保护。[2]

本书认为，新闻自由与隐私权之间存在公开与不公开的天然冲突。取舍两者的关键在于价值平衡。因新闻自由牺牲个人隐私必须以必须、适度和尽可能防止不必要的公开为前提。在信息社会，信息发表的渠道不断增多，信息传播效率大幅加快，各种类型的媒体竞争日益激烈。信息发布者、传播者和评论者都需要能抓人眼球的信息。一些人为了先人一步，在发

---

〔1〕　美国没有联邦级别的盾法，但50多个州基本都有各自的州级盾法。

〔2〕　New York Times, "First Amendment Applies to Internet, Appeals Court Rules", see http://www.nytimes.com/2006/05/27/technology/27apple.html? _r = 0，最后访问日期：2006年5月27日。

布、传播和评论前未能慎重思考、仔细斟酌就匆忙行事，结果侵犯了他人的隐私，给他人的身心带来伤害。这种现象是任何人都不愿意看到的，却是信息社会不可避免的情况。无论是法律还是道德，都难以绝对禁止类似情况的发生。对此，信息主体既要加强隐私保护意识，也要提高对隐私侵权的心理承受能力。

# 第五章　技术革新与数字化生存

　　有学者认为，"经济信息的60% – 70%、政治信息的50% – 60%、生活信息的40% – 50%是通过互联网获得的社会，可称之为信息社会"。[1]以此标准，人类无疑正在信息社会之中进行数字化生存。人在参与社会生活的过程中，有意无意地生产着大量的信息和数据。小到扫码支付，大到求职、就业、生老病死，人离开信息和数据的背书也寸步难行。技术的革新和民用化深刻改变了人类的生活，尽管有过质疑和犹豫，它们终究被人类接受并深刻改变了人类的行为和观念。

## 一、从计算机到人工智能：数字化生存的技术序曲

### （一）计算机：信息的孕育者

　　1946年2月，美国宾夕法尼亚大学教授约翰·阿塔那索夫

---

〔1〕　齐爱民：《拯救信息社会中的人格：个人信息保护法总论》，北京大学出版社2009年版，第12页。

（Atanasoff）教授创造出世界上第一台电子计算机"ENIAC"。尽管这台计算机占地 170 平方米，重达 30 吨，计算速度仅为 5000 次每秒，但它的诞生"带领人类进入了一个全新的时代——信息革命时代"。[ 1 ]

信息技术产业第一定律摩尔定律（Moore's Law）诞生于 1965 年，由英特尔创始人之一戈登·摩尔（Gorden Moore）在《集成电路里塞进更多元件》（Cramming more Components into Integrated Circuits）一文中提出，"当价格不变的时候，集成电路上可容纳的晶体管数目，大约每隔 18 个月就会增加一倍，性能也将提升一倍。换言之，相同价格所能买到的电脑性能，每隔 18 个月将会翻一倍以上。这一定律预言了信息技术进步的惊人速度"。[ 2 ]

20 世纪的最后 20 年为人类在 21 世纪的全面信息化埋下了伏笔。1982 年，IBM 公司的个人台式电脑产量剧增至 25 万台。2 年后，苹果公司推出"第一台具备大众性的图形用户平台和多媒体功能的计算机"。1989 年，由詹姆斯·卡梅隆导演的电影《深渊》的问世标志着数字电影诞生。进入 90 年代，数字媒体技术不再是科学家和好莱坞导演的专利，它们逐步被应用于广告、制图、产品设计等各个行业。[ 3 ]

---

〔1〕 姚浩斯拉：《浅析现代计算机技术的发展方向与趋势》，载《科技创新导报》2015 年第 3 期；孙小美：《大脑的延伸——计算机发展史》，载《中国科技月报》1998 年第 7 期。

〔2〕 明天：《摩尔定律体现的创新精神永存——纪念摩尔定律发表 40 周年》，载《半导体技术》2005 年第 6 期。

〔3〕 唐艺：《西方数字信息产业发展与启示》，载《世界经济与政治论坛》2012 年第 5 期。

近70年的发展和革新使计算机的运转速度发生了革命性提升。目前全球计算速度最快的超级计算机 JUPITER 的运算速度已达百亿亿次每秒。[1]计算机技术不仅被广泛应用于科研、教育、医疗、销售、传媒、建筑等几乎所有的行业和领域中，更成为人类科学研究的主要工具，在全球范围内普及。据统计，截至2019年，全球计算机普及率已达到47.1%,[2]而在发达国家，这一比例更高。2023年，美国有94.2%的家庭至少拥有一台计算机。[3]

### （二）互联网：信息的共享者

赵立新将信息时代分为两个阶段："以半导体技术为基础的个人计算机时代和以通信技术和分布式网络为基础的网络时代。"[4]

1969年12月，美国分组交换网络 ARPANET[5]投入使用，计算机网络发展迈入新里程。Internet 就是 ARPANET 中的民用部分，最初被用于民间科学研究。由于它易存储、易修改、运

---

〔1〕　"Europe plans to build the world's fastest supercomputer in 2024", see https://www.newscientist.com/article/2396876-europe-plans-to-build-the-worlds-fastest-supercomputer-in-2024/，最后访问日期：2024年3月18日。

〔2〕　"Share of households with a computer at home worldwide from 2005 to 2019", see https://www.statista.com/statistics/748551/worldwide-households-with-computer/，最后访问日期：2024年3月18日。

〔3〕　"Percentage of Households With At Least One Computer", see https://www.ibisworld.com/us/bed/percentage-of-households-with-at-least-one-computer/4068/，最后访问日期：2024年3月18日。

〔4〕　赵立新：《云计算：信息时代的新主宰》，载《科技创新导报》2010年第12期。

〔5〕　是美国高级研究计划署（Advanced Research Project Agency）的简称。它的核心机构之一是信息处理（IPTO, Information Processing Techniques Office），一直关注电脑图形、网络通讯、超级计算机等研究课题。

算快、内存大等特点，逐渐被推广至各个领域。

根据 Siteefy 数据显示，全球网站总量于 2024 年 2 月达到
1 086 916 398亿个。[1]

卡斯特认为，互联网带来的是信息主体的观念革命。互联
网的出现使得社会大众参与到信息生产的队伍之中，并成为其
主流。信息发源地的变化是一场真正的革命，人们在互联网空
间的信息生产和信息交流为社会提供了更多的信息选择，从而
使他们有机会优中选优。"社会具备了无限的集体行动能力，去
生产它们的信息、散播信息、重组信息、将信息用于特定的目
标，转变社会实践，拓展人类心智的空间。"[2]

互联网的出现使过去不敢想象的事情成为了现实。"一个年
轻的女孩正在死去，医生没办法确定她的病因，我们需要得到
你的帮助。"1995 年 4 月 10 日，这封邮件使北京大学学生朱某
成为首位通过互联网向全球寻求医疗帮助的中国患者，这封邮
件收到近 3000 封回信，其中六成认为朱某症状为铊中毒。中毒
半年之久的她终于在互联网的帮助下确诊病因。[3]

2016 年 1 月，南开大学学生创业团队"农梦成真"在微信
平台上发布信息："山西临县红枣滞销无人收购，农民没有办法
只有含泪将红枣喂牛羊"，呼吁网友购买红枣帮农民过好年。其
后，该团队在淘宝和微信平台上共卖出 125 万公斤山西临县滞

---

〔1〕 "How Many Websites Are There in the World?"，see https：//siteefy.com/how-many-websites-are-there/，最后访问日期：2024 年 3 月 18 日。

〔2〕 ［美］曼纽尔·卡斯特、马汀·殷斯著，徐培喜译：《对话卡斯特》，社会科学文献出版社 2015 年版，第 222 页。

〔3〕《朱令中毒之后》，载 http：//www.21ccom.net/articles/zgyj/gqmq/article_2013042882357.html，最后访问日期：2013 年 4 月 28 日。

销红枣，销售额达到 1500 万元，帮大山里的农民把红枣卖到了全国各地。[1]互联网让一次次"不可能"成为"可能"，让"梦想"成为"现实"。

互联网最大的功能就是信息共享。正如德布雷所说："性能最好的媒介，即'成本/效率'值最高的媒介，相对于先前的媒体占主导地位，也就是能够波及得更广、更快，需要信息发送成本最低和信息接受最不费力（最舒适的同义词）的那个媒介。"[2]有了互联网，人们不用再一本本翻看沉重的资料，只需要输入几个简短的关键词，就能在互联网找到需要的详尽信息。这种方便、快捷、无偿（多数情况下）的信息服务，使互联网以惊人的速度在全球普及。截至 2024 年，全世界的网民规模达到 53.5 亿人，相当于总人口的 66.2%。[3]中国互联网络信息中心（CNNIC）第 52 次《中国互联网络发展状况统计报告》显示，"截至 2023 年 6 月，我国网民规模达 10.79 亿人，较 2022 年 12 月增长 1109 万人，互联网普及率达 76.4%"。[4]另有数据显示，当今在全球范围内，人们平均每天的屏幕使用时间为 6 小时 58 分钟，相比 2013 年增加了近 50 分钟。[5]

---

[1] 《为了枣农不再哭泣：南开大学学生创业团队"农梦成真"》，载 http://tech. gmw. cn/2016 –01/26/content_18657610. htm，最后访问日期：2016 年 1 月 29 日。

[2] ［法］雷吉斯·德布雷著，陈卫星、王杨译：《普通媒介学教程》，清华大学出版社 2014 年版，第 348 页。

[3] "DIGITAL AROUND THE WORLD"，see https://datareportal. com/global-digital-overview，最后访问日期：2024 年 3 月 18 日。

[4] 《CNNIC：我国网民规模达 10.79 亿人，短视频用户 10.26 亿人》，载 https://k. sina. com. cn/article_2274567792_87932670027014u63. html，最后访问日期：2024 年 3 月 16 日。

[5] "Internet Use Over Time"，see https://datareportal. com/global-digital-overview，最后访问日期：2024 年 3 月 18 日。

作为移动通信和互联网的结合体，移动互联网起步于 20
世纪末 21 世纪初，虽然历史尚短，但其普及速度已刷新了互
联网的普及速度。2008 年底"全球移动电话用户数达 40 亿
户，普及率达 58%；全球互联网用户数超过 15 亿户，普及率
达 22%"。[1] 2015 年度移动互联网产业发展白皮书数据显示：
"2011 年，全球每月移动互联网流量约为 600PB，2014 年这一数
字上升至 3200PB。"[2]截至 2018 年，全球接入互联网的电子设
备总数超过 220 亿台，大约是人口数量的三倍。[3]报道显示，到
2030 年全球互联网用户数将达到 75 亿人。[4]如今，在社交媒体
平台上分享信息或照片已成为许多人的习惯动作。卡巴斯基实
验室的一项研究表明，93% 的社交媒体用户会以数字方式分享
信息，其中 70% 的人分享自己孩子的照片和视频，45% 的人
分享他人的私人敏感视频和照片。也就是说，他们正在向陌生
人提供大量个人信息，很多人对其中的隐私风险并不在意甚至
一无所知。[5]互联网如同信息传播媒介中的"酵母"，它本身
具有强大的传播能力，为后续出现的社交网络等传媒媒介提供

〔1〕 肖志辉：《移动互联网研究综述》，载《电信科学》2009 年第 10 期。

〔2〕《2015 年度移动互联网产业发展白皮书》，载 http://www. jste. gov. cn/mrsd/1821132197. htm，最后访问日期：2015 年 6 月 3 日。

〔3〕 "Number of connected devices reached 22 billion, where is the revenue?", see https://www. helpnetsecurity. com/2019/05/23/connected-devices-growth，最后访问日期：2024 年 3 月 18 日。

〔4〕 "Humans On The Internet Will Triple From 2015 To 2022 And Hit 6 Billion, cybersecurityventures", see https://cybersecurityventures. com/how-many-internet-users-will-the-world-have-in -2022 - and-in -2030/，最后访问日期：2024 年 3 月 8 日。

〔5〕 "Giving Too Much Away? Most People Share Personal Information Online - And Young People Are Most at Risk", see https://www. kaspersky. com/about/press-releases/2017_giving-too-much-away，最后访问日期：2024 年 3 月 8 日。

了载体。

互联网如同信息传播媒介中的"酵母"，它本身具有强大的传播能力，还为后续出现的社交网络等传媒媒介提供载体。

### （三）社交网络：隐私狂欢的天堂

社交网络（SNS）即社交网络服务（Social Network Service）。1954 年，巴尼斯（Barnes）提出"社交网络"一词以描述社会成员、社会群体间网格状的相互关系。[1]社会交往的网络化，将线下的社交网络移植到网络空间，社交网络的规模也伴随着电子邮件、BBS、Myspace、Facebook 等网络社交工具的出现而不断扩大。

2004 年，哈佛大学在校生马克·扎克伯格研发的哈佛大学校园社交服务网站 Facebook 在美国上线。该网站一经上线迅速受到青年学生的追捧，全美大学生都期待 Facebook 早一天向自己所在的学校开放。[2]2008 年 3 月，美国互联网分析师查连·里（Charlene Li）曾预言，社交网络将在 5 – 10 年的时间里成为"空气一般的存在"，人们将无法适应没有社交网络的生活。[3]这一预言已经得到应验，根据 Facebook 公布的 2015 年第二季度的财务报表，截至 2015 年 6 月，Facebook 的全球活跃用户数已

---

〔1〕　Barnes, John Arundel, *Class and Committees in a Norwegian Island Parish*, Hum. Relat. 7, pp. 39 – 58.

〔2〕　《创业史｜Facebook 早期发展的故事》，载 https://www.163.com/dy/article/DMRE89BR0511805E.html，最后访问日期：2024 年 3 月 16 日。

〔3〕　Charlene Li, "The Future of Social Networks at Graphing Social Patterns", see http://readwrite.com/2008/03/03/the_ future_ of_ social_ networks#feed =/series/graphing-social-patterns&awesm = ~ oEAY3PDKGc1M21，最后访问日期：2014 年 3 月 18 日。

达到 14.9 亿。[1]

有学者[2]通过观察发现，尽管社交网络有着多种类型和迥异的商业目的，但他们有着几个基本的共性：首先，社交网络会通过每个人的个人主页向浏览者展示姓名、昵称、头像、电子邮箱、生日、毕业学校、所在地区等基本信息；其次，个人主页会提供用户的部分社交圈信息，如他的好友和经常联系人等；再次，社交网络提供信息发布或者转发服务，用户可以通过发布、转发、点赞行为表达个人观点、态度和喜好；最后，社交网络页面通常具有依据大数据分析结果而精准投放的分众广告。

正如美国学者丹尼尔·沙勒夫所言："人们每天向全世界的观众表达自己，这在过去的人类历史上从未发生过。"[3]据 Backlinko 统计，2024 年 2 月，Facebook 月活跃用户数量达 30 亿，[4]来自全球的用户每天上传 350 亿张照片至社交平台 Facebook。[5]

〔1〕 《Facebook/全球活跃用户数已达到 14.9 亿》，载 http://www.soho.com/a/25395629_139986，最后访问日期：2015 年 8 月 2 日。

〔2〕 参见 D. M. Boyd, N. B. Ellison, *Social network sites: Definition, history, and scholarship.* Journal of Computer-Mediated Communication, 13（1）, article 11.; L. Edwards, I. Brown, *Data control and social networking: 160 irreconcilable ideas? Harboring Data: Information Security, Law And The Corporation*, A. Matwyshyn, ed., Stanford University Press, 2009.

〔3〕 ［美］丹尼尔·沙勒夫著，林铮颢译：《隐私不保的年代》，江苏人民出版社 2011 年版，第 11 页。

〔4〕 "Facebook User & Growth Statistics", see https://backlinko.com/facebook-users，最后访问日期：2024 年 3 月 20 日。

〔5〕 《55 + FACEBOOK 统计数据和趋势［2024 年更新］》，载 https://www.website-rating.com/zh-CN/research/facebook-statistics/#references，最后访问日期：2024 年 3 月 18 日。

## （四）大数据计算（Big Data）：人即数据

早在 20 世纪 80 年代，阿尔文·托夫勒等学者就已经提出海量数据处理技术，囿于当时计算机技术和网络技术的发展水平，"海量数据处理"并没有得到学界的重视。[1]近年来，"人、机、物三元世界的高度融合引发了数据规模的爆炸式增长和数据模式的高度复杂化"，[2]大数据（Big data）成为大势所趋。

有学者认为，大数据是指"无法在可容忍的时间内用传统 IT 技术和软硬件工具对其进行感知、获取、管理、处理和服务的数据集合"；[3]也有学者认为，"大数据是融合物理世界（physical world）、信息空间和人类社会（human society）三元世界的纽带"；[4]李国杰等将大数据的特点总结为 4 个"V"，即Velocity（生成快速）、Variety（模态繁多）、Volume（体量浩大）和 Value（价值巨大但密度很低）。[5]从统计学的意义讲，通过对大量数据的分析、比对得出的结论有助于人们作出正确的决策。传统的数据分析过程中，最耗费人力和财力的就是数据的获取过程，借助互联网超强的数据抓取、记录功能，

---

〔1〕 涂新莉、刘波、林伟伟：《大数据研究综述》，载《计算机应用研究》2014 年第 6 期。

〔2〕 李国杰、程学旗：《大数据研究：未来科技及经济社会发展的重大战略领域——大数据的研究现状与科学思考》，载《中国科学院院刊》2012 年第 6 期。

〔3〕 李国杰、程学旗：《大数据研究：未来科技及经济社会发展的重大战略领域——大数据的研究现状与科学思考》，载《中国科学院院刊》2012 年第 6 期。

〔4〕 程学旗等：《大数据系统和分析技术综述》，载《软件学报》2014 年第 9 期。

〔5〕 李国杰、程学旗：《大数据研究：未来科技及经济社会发展的重大战略领域——大数据的研究现状与科学思考》，载《中国科学院院刊》2012 年第 6 期。

数据分析成本大大降低。例如，2014年，阿里云推出的大数据计算服务 MaxCompute，分析 50TB 数据收费 15.95 元人民币，而该服务分析 100PB 数据（相当于 1 亿部电影），仅需要 6 小时。[1]

学术界和政界均对大数据予以极大重视。国际权威学术杂志《Nature》和《Science》相继出版专刊探讨大数据相关话题。著名咨询公司麦肯锡报告称："数据已经渗透到当今每一个行业和业务职能领域，成为重要的生产因素。人们对于大数据的挖掘和运用，预示着新一波生产力增长和消费盈余浪潮的到来。"[2]2012 年 3 月 22 日，美国时任总统奥巴马宣布美国政府将投资 2 亿美元用于大数据研究和发展计划（Big Data Research and Development Initiative），旨在提高和改进美国从海量数据中筛选和提取有效信息的能力，从而促进科技进步并维护国家安全。[3]

美国学者桑斯坦认为"现在比以前任何时候，人类都能找到寻求广泛分散的信息和创造力以及聚合它们成为卓有成效的整体的方法"。[4] 大数据的出现将人类对于信息的整合能力发挥

---

〔1〕《阿里云发布 ODPS 可分析 PB 级海量数据》，载 https://developer.aliyun.com/article/220113，最后访问日期：2024 年 3 月 18 日。

〔2〕 J. Manyika，M. Chui，B. Brown，J. Bughin，R. Dobbs，C. Roxburgh，A. H. Byers，"Big data：The next frontier for innovation, competition, and productivity."，转引自程学旗等：《大数据系统和分析技术综述》，载《软件学报》2014 年第 9 期。

〔3〕 "Obama Administration Unveils 'Big Data' Initiative：Announces $200 Million In New R&D Investments"，see https://www.whitehouse.gov/sites/default/files/micros-ites/ostp/big_data_press_release_final_2.pdf，最后访问日期：2015 年 3 月 18 日。

〔4〕［美］凯斯·R. 桑斯坦著，毕竞悦译：《信息乌托邦：众人如何产生知识》，法律出版社 2008 年版，第 243 页。

到了极致。

## 二、互联网时代的大众传播价值观

### （一）大众传播内容品质的"下坠"

1889 年《民族》的主编埃德温·劳伦斯·戈德金曾抨击当时低俗、煽情的"黄色新闻浪潮"，"在任何一个基督教国家中，一家黄色报馆在气氛上大概是最像地狱的了。因为没有一个地方能比黄色报馆更适合把一个青年训练成永远遭人唾骂的人"。[1]

互联网、社交网络的出现和流行正重塑新闻产业的格局。在新技术环境下，"媒介技术的发展使人类一步步摆脱时间和空间的限制，消解了现实传播的确定性和时空限制，从而使人摆脱了偶然性的束缚，无止境地拓宽了传播的时空疆域；使传播成为不受时空制约、可以自主选择的自由传播，成为向无比广阔的领域、无限多样的形式开放的传播"。[2]

互联网裂变式的信息流动模式摆脱了以往时间和空间对信息传播的约束。互联网空间为更广泛的社会群体提供低成本、低风险的发声渠道。与此同时，"权威舆论"形象的培育周期

---

〔1〕　［美］迈克尔·埃默里、埃德温·埃默里、南希·L. 罗伯茨著，展江译：《美国新闻史——大众传播媒介解释史》，中国人民大学出版社 2009 版，第 207 页。
〔2〕　李欣人：《人学视野下的媒介演进历程》，载《山东师范大学学报（人文社会科学版）》2005 年第 4 期。

和培育成本也大为降低。2012年3月，赵某的导演处女作，电影《致我们终将逝去的青春》（以下简称《致青春》）开通了官方新浪微博，截止到2013年3月电影上映期间，该官方微博的关注人数已达18万，受众规模相当于中等规模的报纸。从《致青春》开拍到上映，先后有赵某（4300多万粉丝）、韩某（3400多万粉丝）、佟某娅（1200多万粉丝）等近20个微博大V发微博力挺。"粉丝总数累计接近4亿。这4亿粉丝，即便每20个人中只有1人走进影院，最终的观影人群也有2000万，按中国平均电影票价36元计算，票房至少有7.2亿"，事实上，该预测与电影实际票房相当。[1]互联网和社交网络在各类事件中屡次展现出的强大新闻发酵能力证明：传统的舆论格局已经发生革命性变化，从过去"官方媒体"的"威权传播"转变为官方舆论场、以新媒体为重要构成部分的媒体舆论场以及网民舆论场组成的三足鼎立之势。新媒体时代的舆论场，正呈现出"海量、多元、分散"的价值取向。[2]这赋予了更多主体操控舆论的可能，同时也使得舆论变得更加多变而难以操控。

尼尔·波兹曼在《娱乐至死》中指出："如果一个民族分心于繁杂琐事，如果文化生活被重新定义为娱乐的周而复始，如果严肃的公众对话变成了幼稚的婴儿语言，总之人民蜕化为被

---

〔1〕 《揭"致青春"微博营销链20个微博大V账号的4亿粉丝》，载 http://media.people.com.cn/n/2013/0609/c14677 - 21806029. html，最后访问日期：2013年6月9日。

〔2〕 周廷勇：《从"威权舆论"到"权威舆论"——"微时代"主流舆论的解构与重振》，载《重庆工商大学学报（社会科学版）》2012年第6期。

动的受众，而一切公共事务形同杂耍，那么这个民族就会发现自己危在旦夕，文化灭亡的命运就在劫难逃。"[1]

　　然而，娱乐化已经是传媒业的现实。2023 年，北美地区下载量最高的四个手机应用分别是 Instagram、TikTok、Facebook 和 WhatsApp。[2]在我国，用户规模最大的十款手机应用分别是：微信、高德地图、淘宝、抖音、支付宝、搜狗输入法、爱奇艺、QQ 浏览器、百度和今日头条。[3]社交、购物、影视类应用成为人们生活必需品的同时，网络信息的泛娱乐化倾向愈发明显。网络空间的低俗炒作、隐私爆料等泛娱乐化信息已经严重影响网络内容秩序，国家网信办已多次部署专项行动针对性治理。

　　戴元光认为，"娱乐化是一个国际性课题，要放在国际背景当中去研究"。[4]王一发现，"从报纸到电视再到网络，从体育到经济再到政治，娱乐化似乎势不可当。在不知不觉中，我们从媒体获取的和期望从媒体获取的都在改变，'娱乐综合征'表现得越来越明显"。[5]王雷松认为，中国电视媒体、广播媒体、报纸媒体和网络媒体普遍出现的娱乐化趋势与传媒产业的商业化、

〔1〕　［美］尼尔·波兹曼著，章艳译：《娱乐至死》，广西师范大学出版社 2004 年版，第 202 页。

〔2〕　"Most Popular Apps（2024）"，see https：∥www. businessofapps. com/data/most-popular-apps/，最后访问日期：2024 年 3 月 18 日。

〔3〕　《2023 中国互联网用户规模最多 App 一览：国人最离不开 5 大软件你认同吗》，载 https：∥baijiahao. baidu. com/s？ id = 1787979750541853724&wfr = spider&for = pc，最后访问日期：2024 年 3 月 16 日。

〔4〕　乐晓磊：《媒体狂欢的多视角观察——中国媒体娱乐化趋势冷观热议》，载《新闻记者》2007 年第 4 期。

〔5〕　王一：《对媒体娱乐化倾向的反思》，载《开封大学学报》2010 年第 3 期。

大众文化的流行和娱乐内容的低成本高盈利三个因素有关。[1]

本书认为，互联网时代的媒体竞争是传媒产业娱乐化、低俗化的第一个原因。随着商业网站、社交网络大V和以博客、公众号为代表的社会媒体的出现，传媒行业已经进入"惨烈"的"博眼球、赚点击"时代。随着新闻产品的数字化，新闻消费的成本大大降低，媒体的去精英化趋势日益明显。以我国为例，据2021年中国国家统计局公布的第七次全国人口普查主要数据结果，拥有大学（指大专及以上）文化程度的人口为2.18亿人；拥有高中（含中专）文化程度的人口为2.13亿人；拥有初中文化程度的人口为4.87亿人。[2]三者之和比我国目前网民人数少1.61亿。这意味着，我国新闻受众的平均教育水平低于纸质新闻时代。在这一背景下，娱乐化和低俗化成为新闻业的必然选择。

受众构成的变化是传媒业全面娱乐化的第二个原因。受科技革新的影响，目前新闻行业的主战场已转移至移动互联网。据新浪微博数据中心统计，17-33岁青年群体构成移动互联网的主要用户，约占全部移动用户的83%。从市场供需的角度看，青年群体的消费偏好对传媒业生产活动起着关键作用。

2015年3月，美国芝加哥大学的NORC研究中心和美联社研究所共同发布名为《千禧一代是怎么获得新闻的：探秘美国初生数字一代的习惯》研究报告。研究发现那些认为年轻人不关心新闻和政治的观点并不正确。事实上，69%的受访美国年

---

〔1〕 王雷松：《伦理学视角下媒体娱乐化研究》，载《学术论坛》2014年第6期。

〔2〕《第七次全国人口普查公报（第六号）——人口受教育情况》，载 https://www.stats.gov.cn/sj/pcsj/rkpc/7rp/zk/html/fu03f.pdf，最后访问日期：2024年3月16日。

轻人每天阅读新闻;85% 的受访美国年轻人认为新闻对他们很重要;45% 的受访美国年轻人关注包括政治、犯罪、科技、社区新闻及社会新闻等严肃话题;82% 以上的受访美国年轻人承认他们获取新闻有一半以上来自网络。研究者还发现,许多美国年轻人是间接地获取新闻,即他们获取新闻并非主动获取,而是社交活动中偶然获取到新闻内容。[1]

有研究者发现:"中国青年一代在新闻消费中也表现出主动参与者的姿态。一个年轻人比较典型的新闻消费习惯是,看完新闻后继续搜索自己感兴趣的报道(超过55%),关注新闻后面网友的评论(46.9%),对自己感兴趣的新闻进行转发、跟帖和评论(33.4%),当然也有20%的人会去权威媒体再求证下新闻的真实可信度。"[2]

## (二)大众传播将媒体作为"博眼球"的工具

传媒行业的整体娱乐化使传媒产品中隐私信息的比例显著上升。名人隐私一直是娱乐新闻的半壁江山,英国王妃戴安娜之死就是最好的例证。从与英国王储查尔斯公开恋情起,戴安娜就成为"狗仔队"(靠跟踪明星、政要、社会名流和出卖名人隐私照片为生的娱乐记者)疯狂追逐的对象。十几年间,戴安娜的生活几乎没有隐私可言,无论是她与其他王室成员间的矛

〔1〕 "How Millennials Get News: Inside the habits of America's first digital generation", see https://americanpressinstitute.org/millennials-news/,最后访问日期:2024 年 3 月 16 日。
〔2〕 任琦:《数字世代的新闻消费观——对浙江、美国两项受众调查的分析》载《新闻记者》2015 年第 5 期。

盾，还是她和丈夫各自婚外情的细节都被传媒曝光在世人面前。1997 年 8 月 31 日，戴安娜及其男友多迪·法耶兹为躲避跟踪他们的狗仔队而发生车祸，命丧法国。十年后，此案开庭审理。当年曾追逐过戴安娜座驾并在车祸发生后第一个到达现场的法国狗仔被指控曾致电《太阳报》，声称愿以 60 万美元的价格出售戴安娜头戴氧气罩、面部带血的车祸照片。"戴安娜王妃去世时，曾经有一位狗仔号啕大哭，他哭泣的原因不是为戴妃去世感到难过，而是断了他的财路。他偷拍戴安娜超过 10 年，赚了 14 辆跑车和 3 栋别墅。"[1]

尽管戴安娜是为躲避媒体失去了生命，但却也曾与媒体保持着相互利用的关系。甚至有些名人会通过自传和回忆录来"卖隐私，博眼球"。中国女演员刘某庆的前夫陈某军在同刘某庆离婚后出版回忆录，此书因包含大量刘、陈二人婚姻关系的隐私细节而成为畅销书。其中包括曾被公众津津乐道，而当事人却不愿提及的一段婚外情的细节。直到 2016 年，刘、陈二人的情感纠结仍被媒体视作博收视的素材。2016 年 3 月，刘某庆在做客东方卫视脱口秀节目《金星秀》时，节目组仍选择以"说男人，聊人生"为采访主题以谋收视。

在互联网时代，"晒隐私"成了某些明星维持媒体曝光度的法宝。这种"晒"文化甚至在一定程度上改变了传统媒体确立的新闻价值标准。以演员李某为例。作为一名演员，李某的作品不多，但这些并不影响李某屡次登上热搜榜。在百度新

---

[1] 《揭秘狗仔记者职业真相》，载 http://news. xinhu-anet. com/world/2011 - 07/29/c_121729469_15. htm，最后访问日期：2011 年 7 月 29 日。

闻搜索页面搜索"李某+炫富",可以得到近4000篇有关李某晒游艇、晒百万名表、晒钻石项链、晒法拉利跑车的各种新闻。

一些严肃的主流媒体也转发了李某炫富的新闻,如光明网、凤凰网等。[1]这些新闻大多取材于李某本人的微博,网站在转发时很少细致加工,有时只包含原微博文字和图片。这些内容显然不具有、至少不完全具有一条新闻本应具有的价值。

分析其中原因:首先,互联网媒体的发稿量远大于传统媒体,因此对于新闻内容的审核标准也大为下降。其次,受生活节奏、社会压力和智能手机、平板电脑、移动互联网等新技术的普及等诸多因素影响,受众的阅读习惯已经悄然发生变化。在大、中型城市,中、青年受众更乐于选在地铁、咖啡厅、机场、车站等地点通过智能手机和平板电脑等设备阅读新闻。大段的文字报道同时带来视觉疲劳而不利于放松,因此,现在新闻产品中文字比例大幅降低,取而代之的是图片和视频。再次,随着电子产品的普及以及低端电子品牌雨后春笋般出现,互联网、新闻客户端的受众逐渐呈现低龄化、低文化的趋势。最后,受行业竞争、受众阅读习惯、受众结构的改变等因素影响,媒体行业的娱乐化成为必然趋势。久而久之,名人微博成为记者挖掘新闻素材的富矿,取材于微博的新闻难免娱乐化、低俗化。

---

〔1〕 详见《阔太李念自拍玩炫富:胸前钻石太耀眼可爱似邻家少女》,载 http://news. gmw. cn/2016 - 03/16/content_19306792. htm;《晒完名表晒豪车! 阔太李念开法拉利出门》,载 http://ent. ifeng. com/a/20150714/42452996_0. shtml,最后访问日期:2024 年 1 月 10 日。

# 三、隐私期待的崩溃

## （一）"自曝"：一个个性化的自我表达

信息时代的到来，改变了人类的生产模式、生活习惯和社会布局。运输行业突飞猛进的发展极大缩短了人与人之间的空间距离；日新月异的通讯和传播技术打破了人与人之间信息交流的时间落差；信息收集与存储模式的改变使人类信息正以前所未有的速度积累。统计数据显示，截至 2022 年，人类所有印刷材料的数据总量仅为约 200PB，[1] 而截至 2021 年，全球生成的数据总量预计约为 79ZB。[2] 过度的网络自我曝光冲淡了人们的隐私自我保护观念。

有研究者总结出四个社交网络中的"迷思"[3]：

"真实自我"的迷思：人们通过分享个人信息呈现了真实自我。

"漠不关心"的迷思：人们并不关心个人信息泄露、被利用等隐私问题。

---

〔1〕 《2022 年健康医疗大数据行业现状及发展前景分析》，载 https://www.chinairn.com/news/20220411/135809102.shtml，最后访问日期：2024 年 3 月 16 日。

〔2〕 "Big Data Statistics 2023：How Much Data is in The World?"，see https://firstsiteguide.com/big-data-stats/，最后访问日期：2024 年 3 月 16 日。

〔3〕 希腊语 μῦθος（mythos），类似于中文的"传说"，指无法通过文献或者史实证明真伪，却被反复讲述并流传下来故事。

"理性计算"的迷思：人们在披露个人信息时经过了理性的考虑，自愿牺牲自己的隐私以换取使用的便捷或商家所宣称的"增值服务"等。

"隐私已死"的迷思：随着技术发展和人们行为变化，保护个人隐私已不再现实。[1]

目前，在社交网络展现私人生活里的真实状态已成为众多娱乐明星的"圈粉"利器。曾经饱受舆论诟病的女星杨某，多次因在微博仗义执言被网民称赞。2012 年，武打明星赵某卓与甄某丹闹出不和传闻。在演艺圈根基深厚的甄某丹获多位港星声援，杨某却公开发声力挺赵某卓，"他人很好，也很敬业，完全不会当自己是前辈耍大牌"。2013 年 7 月，媒体曝光明星邱某同李某芬一同驾车回家过夜，证实邱某在未同女星唐某分手情况下"劈腿"李某芬。杨某点赞该微博，并发微博安慰好友唐某。此举赢得网民赞赏，"每次风口浪尖她都选择做自己觉得对的事！"[2]

社会的变革、城市化程度的提高和人口流动范围的扩大，使"越是置身于拥挤的人群中越孤独"成为许多现代城市人口的生活写照。同儿时亲友的分别以及与周遭邻居、同事的疏离感，促使他们寻找一种"倾诉"的渠道以满足社会交往的需求。社交网络的出现给了人们一个"倾诉"的平台。王秦将个人信

〔1〕 王琴：《社交网络中的个人信息隐私》，中国传媒大学 2014 年博士后出站报告。
〔2〕 《曝邱泽幽会李毓芬坐实劈腿 杨幂夜发微博撑唐嫣》，载 http://ent.qq.com/a/20130706/004886.htm.，最后访问日期：2013 年 7 月 6 日。

息传播主体的心理动因归结为三个层次：①"自我"呈现与塑造；②社会关系的维持与拓展；③群体的构建及认同。[1]张琪通过研究发现，"大学生微博交往动机各维度从高到低依次是关注他人、自我认同、信息获取、表达情感和应用休闲"。[2]无论对于明星还是普通人来说，这种网络空间的互动能够实现"数字化亲密"，从而在心理上满足人们对社会交往的渴求。周瑟夫·马泽尔（Joseph Mazer）等美国研究者通过实验发现，当老师与学生在 Facebook 成为好友关系，相互间私人信息的分享会使得个体对于对方形象的认识更加立体，从而有助于课堂气氛的改善。[3]

艾丽莎·俄勒尔（Alicia·Eler）认为，社交网络有效避免了面对面交流真实感受时引发的尴尬，因此人们在社交网络的表达比真实生活中更自由。约翰·巴哈（John Bargh）等总结出网络言论的四个特点：①高度匿名性，②话题的无禁忌性，③表达放松性和④表达的可控性。与现实空间的面对面交往相比，这些特质能有效激励人们的自我表达。[4]

陈卫星认为，媒介技术与社会制度变迁体现在媒介对社会

---

〔1〕 王秦：《明星微博私人信息传播与印象管理策略》，载《开封教育学院学报》2014 年第 3 期。

〔2〕 张琪：《大学生微博交往动机与行为特点研究》，载《电化教育研究》2012年第 8 期。

〔3〕 J. P. Mazer, R. E. Murphy, C. J. Simonds,, "I'll see you on 'Facebook': The Effects of Computer – Mediated Teacher Self – Disclosure on Student Motivation, Affective Learning, and Classroom Climate", *Communication Education*, 2007.

〔4〕 J. A. Bargh, K. Y. McKenna, G. M. Fitzsimons, "Can you see the real me? Activation and expression of the 'true self' on the Internet", *Journal of social issues*, Vol. 58, No. 1., 2002, pp. 33 –48.

意识形态的塑造上。媒介技术的革新对信息受众的影响是社会变迁发生的前提。"当新媒体的技术平台本身已经成为社会生态的重要构成时，物质现实和精神结构的同构性共同形塑新的社会外观，不仅仅是生产力的新动力，也是新观念的信息源。"[1]

人们对于隐私的期待的确发生着转变。美国圣路易斯大学法学院教授泰瑞·多宾斯·巴克斯特（Teri Dobbins Baxter）发现，根据年龄的不同，人们对于隐私的期待并不相同。从主体上讲，年轻人对隐私的期待比老年人低很多。"如今的孩子很少与别人进行面对面的交流，他们通常都是通过电子技术与他人建立关系并保持联系。"[2]善美妍（Seounmi Youn）通过对美国 326 名公立高中生的隐私观进行调查后发现，青年人不但具有隐私意识，而且会在决定是否在网络空间公开个人信息前进行风险评估，风险高低同青年公开信息的积极性成反比。同时，她发现受访青年人对信息公开带来的潜在风险重视不足，相比之下他们更重视通过信息公开换得的利益多少。[3]德巴金（Debatin）等人发现，人们保护个人隐私的能力并不如他们想象中那样高超。很少有人能清楚地知道个人

---

〔1〕　陈卫星：《新问题的媒介学问题》，载 https：//mp. weixin. qq. com/s？＿＿biz＝MzA5MDgyNjU4NQ＝＝&mid＝401721640&idx＝1&sn＝89d84b9f37aea76b9b063a5f00fcea90&scene＝1&srcid＝0312mMtZo977ma4WtJwe0sOY&pass_ticket＝mPr8PWjzk%2FFeVlRS1XUa7sqty23%2BzbEFfKn%2B2Bl4igS3AcYgrFdcA04SOdM6Ww2Go#rd，最后访问日期：2024 年 1 月 10 日。

〔2〕　［美］泰瑞·多宾斯·巴克斯特著，凌玲译：《科技对公民意思合理期待的侵蚀》，载张民安主编：《隐私合理期待分论——网络时代、新科技时代和人际关系时代的隐私合理期待》，中山大学出版社 2015 年版，第 125 页。

〔3〕　Seounmi Youn，"Teenagers' perceptions of Online Privacy and Coping Behaviors：A Risk-Benefit Appraisal Approach"，*Broadcasting & Electronic Media* 2005，pp. 86. 95 – 96.

信息所面临的真实风险，又能正确采取网页设置等办法防止隐私泄露。[1]

青年一代对新技术的接受能力和领悟能力的确比中老年人强，但这并不意味着他们在使用新技术时能充分预见并规避可能的隐私风险。事实证明，他们通常只能预见到比较直观的隐私威胁，而对于一些隐性的、间接的窥探和利用隐私的行为缺少警惕性。例如，安徽卫视《谁是幸存者》栏目曾做过一期有关拐卖儿童的测试节目。由主持人扮演的"骗子"通过微信软件"附近的人"功能搜索到在同一饭店用餐的一名年轻妈妈的信息，由于她没有设置"陌生人不可浏览朋友圈"功能，"骗子"轻松下载了母女二人刚刚拍摄的合影，并凭此照片轻松"拐走"了女童。[2]

### （二）"自曝"的动因分析

哈贝马斯在 1964 年提出，"公共领域"是一个原则上向所有公民开放的社会领域。在那里，公民可以自由地聚集和组合，表达并公开意见，进而形成公共舆论。当公众的规模足够大时，公众信息交往则需要依靠传播媒介。[3]在传统媒体时代，报纸、广播、电视等新闻媒介单向地向公众传播信息。这一情况在互联网

---

〔1〕 Alessandro Acquistil eds., "Imagined communities: awareness, information sharing, and privacy on the Facebook, Proceedings of 6th Workshop on Privacy Enhancing Technologies", *Robinson College*, 2006.

〔2〕《你在朋友圈"晒照片"，却给了人贩子可乘之机》，载 http://www.gywb.cn/content/2016-01/22/content_4529579.htm，最后访问日期：2016 年 1 月 22 日。

〔3〕 [德] 尤根·哈贝马斯：《公共领域》，载汪晖、陈燕谷主编：《文化与公共性》，生活·读书·新知三联书店 2005 年版，第 125 页。

时代发生了转变。麦克肯纳（MCkenna）等人发现，互联网的出现使得现实生活中的寡言者拥有发声的机会，对于那些原本就善于表达的人，他们在互联网获得的关注则更多。[1]这使得人们更乐于在互联网发表意见，特别是当他们在现实空间得不到回应时。

苏珊·巴恩斯（Susan Barnes）[2]、阿曼达·伦哈特（Amanda Lenhart）、玛丽·马登（Mary Madden）[3]和埃斯特·哈吉泰（Eszter Hargittai）[4]等多位学者发现了所谓的"隐私悖论"：人们在大量公开自己的姓名、习惯、住址、照片、经历等个人信息时，其实清楚地知道公开信息带来的潜在隐私威胁，而这并没有阻碍他们继续自我曝光。360 科技公司首席隐私官谭晓生坦言，"现在 99% 的用户根本对隐私是不关心的"。[5]

社交网络为他们提供了被关注的可能和自我呈现的机会。何传启发现，马斯洛提出五种层次的需要始终对应着相关的科

〔1〕 K. Y. McKenna, A. S. Green, M. E. Gleason, "Relationship formation on the Internet: What's the big attraction?", *Journal of social issues*, Vol. 58, No. 1., pp. 9 – 31.

〔2〕 Susan B. Barnes, "A privacy paradox: Social networking in the Unites States.", *First Monday*, 11 (9); Bernhard Debatin, Jennette P. Lovejoy, Ann-Kathrin Horn M. A, Brittany N. Hughes, "Facebook and online privacy: attitudes, behaviors, and unintended consequences.", *J Comput-Mediat Commun*, Vol. 15, No. 1., 2009, pp. 83 – 108.

〔3〕 Amanda Lenhart, Mary Madden, "Teens, privacy & online social networks.", see http://www. pewinternet. org/2007/04/18/teens-privacy-and-online-social-networks/, 最后访问日期：2014 年 9 月 10 日。

〔4〕 Danah Boyd, Eszter Hargittai, "Facebook privacy settings: Who cares?", *First Monday*, 2010; Emily Christofides, Amy Muise, "Serge Desmarais. Information disclosure and control on facebook: are they two sides of the same coin or two different processes?", *Cyberpsychol Behav*, Vol. 12, No. 3., 2009, pp. 341 – 345.

〔5〕 《360 首席隐私官谭晓生：99% 用户不关心自己隐私》，载 http://security. zhiding-cn/sucurity _ zone/2013/0328/2150944. shtml，最后访问日期：2024 年 3 月 16 日。

技。安全和生理的需求对应生存相关的科技；尊重和情感的需求对应物质生活的科技；而自我实现的需求对应精神生活和生活质量相关的科技。[1]Facebook 等社交网络就是属于满足人们"自我呈现"精神需求的科技。专栏作家罗伯特·塞缪森（Robert Samuelson）在《华盛顿邮报》发表文章写道："Facebook 的流行与人们担忧网络侵犯其隐私权的观念完全相悖。现实中，数百万美国人兴高采烈地抛弃，或至少是心甘情愿地退让其隐私权。相比隐私而言，人们似乎更关心在社交网络上被关注被欢迎。"[2]

此外，社交网络为人们提供了自我塑造的机会。威瑟（Walther）等人通过研究发现，人们在社交网络上塑造的个人形象比他们的真实样貌更具有吸引力。[3]博伊德（Boyd）发现，美国青少年热爱社交网络的原因之一在于他们可以在网络空间构建虚拟的个体形象。[4]正如曾在网络被广泛转发的文章《我过得很好，只是没有照片上那么好》所说，"你不能因为照片上笑得很灿烂就说他过得很幸福，毕竟生活对谁都不容易。你艳羡的微笑，

---

〔1〕 何传启：《科技革命与世界现代化——第六次科技革命的方向和挑战》，载《江海学刊》2012 年第 1 期。

〔2〕 Robert J. Samuelson, "A Web of Exhibitionists", *Washington. Post*, see http://www.washingtonpost.com/wp-dyn/content/article/2006/09/19/AR2006091901439.html. 转引自王琴：《社交网络中的个人信息隐私》，中国传媒大学 2014 年博士后出站报告。

〔3〕 Walther, "The role of friends' appearance and behavior on evaluations of individuals on Facebook: Are we known by the company we keep?", *Human Communication Research*, Vol. 34, No. l. , p. 28 – 49.

〔4〕 Boyd Danah. , "Why Youth (Heart) Social Network Sites: The Role of Networked Publics in Teenage Social Life. ", in David Buckingham ed. , *Mac Arthur Foundation Series on Digital Learning – Youth, Identity, and Digital Media Volume*, Cambridge Press , 2007.

殊不知，当事人前夜可能哭了一宿"。[1]社交网络就如同一张幕布，将人们的生活区分成台前和幕后。台前的生活只记录精彩、灿烂的瞬间，把一切黯淡、悲伤留在幕后。雪莉·特克（Sherry Turkle）评价在社交网络对个人形象塑造时说，"你可以成为你想成为的任何人。只要你希望，你可以全然重新定义你自己。你无须如此担心其他人为你安排的位置。他们不会看见你的肉体并且做出假设。他们听不到你的口音也不做任何预设。他们眼中所见的只有你的文字。"[2]虚拟空间赋予人们重塑自我的机会，在虚拟空间里，人们可以回避自身的缺陷，夸大、甚至虚构自己优点，并从其他人对虚构的个人形象的认同中获得现实中的心理满足。人们在网络空间勾勒着完美的生活状态，赢取他们的赞美和羡慕，这也成为他们平淡、压抑生活的一种安慰。

再者，社交网络弥补了人们在强压力、快节奏的社会生活中所缺少的社交需求。

黄文森和江宇通过对大学生群体进行研究发现，在现实社会交往中得不到满足的人倾向于通过使用微博等社交软件化解寂寞感。而在现实中人际关系不和谐的人，则希望从虚拟世界中得到帮助或者与他人沟通。[3]从一定程度上讲，社交网络成为了人们无话不"说"的心灵伴侣。

在一定程度上，Facebook、微信等社交软件已经替代传统的

〔1〕《生活散文：我过得挺好但没有照片那么好》，载 https://www.ruiwen.com/sanwen/1439146.html，最后访问日期：2024 年 3 月 17 日。

〔2〕［美］雪莉·特克著，潭天、吴佳真译：《虚拟化身：网络时代的身份认同》，远流出版事业股份有限公司 1998 年版，第 245 页。

〔3〕黄文森、江宇：《大学生微博使用行为、动机与孤独感关系》，载《今传媒》2014 年第 1 期。

沟通工具。中国移动原董事长王建宇曾公开表示，微信已经替代了短信。[1]拒绝接受和使用它们将降低人们的沟通效率，并给人们的社会交往带来一定的阻碍。不使用 Facebook 等主流社交网络的人会被视为难以相处的异类。大卫·柯克帕特里克（David Kirkpatrick）认为，"在丹麦这样几乎人人都用 Facebook 的国度里，这种情况甚至更为普遍"。[2]

作为社会性动物，人类的本能就是在社会群体中谋求自己的位置。正如研究者王琴所说："在传统社会向现代性变迁的过程中，人们从传统社会中抽离出来，不再能够从原来的阶级、家庭等传统的支持网络中寻找行动的参照，经验和传统也失去了以往的指导作用，不确定性与未知取代了原有的稳定和心理支持，人们急需在自我构建与自我认同的群体中寻求社会支持。"[3]正如韩剧《他们生活的世界》中台词的精辟总结，"女人们的友谊往往是从互相分享悲惨的情感经历开始的"。在许多人的观念里，世界上没有什么东西比隐私的分享更能换取朋友的信任，这也成为人们在网络空间"慷慨"曝光自己的另一原因。

## （三）被忽视的隐私曝光风险

维克托·迈尔－舍恩伯格在《删除——大数据取舍之道》

---

〔1〕 《微信代替了短信，4G 时代必须转型》，载 http://it. so -hu. com/20131113/n390044932. shtml，最后访问日期：2013 年 11 月 13 日。

〔2〕 ［美］大卫·柯克帕特里克著，沈路等译：《Facebook 效应》，华文出版社 2010 年版，第 175 页。

〔3〕 王琴：《社交网络中的个人信息隐私》，中国传媒大学 2014 年博士后出站报告。

一书中分享了史黛西·施耐德（Stacy Snyder）的故事。施耐德最大的梦想是成为一名教师，而她做梦也没想到她的梦想竟然毁在一张照片手里。在她实习期间，同校的一名教师在施耐德的 Myspace 个人主页发现了一张名为"喝醉的海盗"的照片，照片中的她头戴海盗帽，享用着塑料杯中的美酒。校方认为施耐德的行为不符合教师这个神圣的职业，学生们会因为看到教师喝酒的照片而受到误导。尽管施耐德符合应聘学校教师的各方面条件，但她却被拒绝录用了。施耐德打算删除这张照片，但她的照片已经被搜索引擎永久保存，她想忘却的过去将被互联网永远记住。[1]微软公司的一项调查报告显示，75%的美国人力资源主管被要求在招募新人时对候选人进行网络调查，而70%的候选人曾因其自己发布的网络信息而与工作机会失之交臂。[2]

康莱（Conley）通过研究发现，多数网络用户并不能准确预测在互联网发布信息对自己个人信息的曝光程度究竟有多大。[3]这使得他们最终成为为信息社会隐私问题"买单"的人。丹尼尔·沙勒夫认为："我们上网的时间越多，就越有可能将自己的生活细节泄漏到网络空间里去。这个风险逐渐增加，因为

〔1〕 ［英］维克托·迈尔－舍恩伯格著，袁杰译：《删除：大数据取舍之道》，浙江人民出版社2013版，第5页。
〔2〕 J. Rosen, "The web means the end of forgetting", *The New York Times*, 21. Cited from J. Ausloos, "The 'Right to be Forgotten'-Worth remembering?", *Computer Law & Security Review*, 2012, p. 144.
〔3〕 Sanna Kulevska, "The Future of Your Past: A Right to be Forgotten Online?", see http://www. chillingeffects. org/weather. cgi? WeatherID = 769，最后访问日期：2013年6月24日。

不只是我们自己可能泄露信息——有关我们的数据可能被我们的朋友或者敌人、配偶或者情人、雇主或者雇员、老师或者学生……甚至地铁的陌生人透露出去。"[1]

2011年，19岁的清华大学学生罗某宇凭借两张微博照片，成功在40分钟内分析出演员王某丹的家庭住址。[2]罗某宇在人人网发表文章，详细介绍了自己的推理过程。他首先通过王某丹的微博找到了2张她从家里往窗外拍的照片，并分析，"首先，她家所在的小区是西式的，这个小区已经建成有一段时间了，玻璃框发黄而且有不可擦除的污垢。她住顶层，从俯视图上看，小区在一条直线上至少有三个一样大小的正方形花坛"。随后，罗某宇还根据花坛中的植被情况，利用谷歌地球分析出从空中俯视时小区的样貌。根据王某丹的两条微博状态"四环堵死了，我联排迟到了"和"忘记给老爸指路！都开到中关村了"，罗某宇分析出王某丹家"不在四环内，离中关村很远"。罗某宇最后分析出王某丹所住的小区，并根据照片角度，找到其详细门牌住址。

罗某宇只是单纯地想证明自己有能力成功分析出明星住址，但他的行为着实让人后怕。毕竟网络空间是面向所有人开放的，信息并不屏蔽抱有犯罪意图的人。

胡泳在《众声喧哗：网络时代的个人表达与公共讨论》中

---

〔1〕 ［美］丹尼尔·沙勒夫著，林铮颢译：《隐私不保的年代》，江苏人民出版社2011年版，第17页。

〔2〕 《凭两张图推理出王珞丹地址，不管你信不信，清华才子做到了》，载http://www.cdwb.com.cn/html/2011－08/19/content_1354585.htm，最后访问日期：2011年8月19日。

引用了一首英文流行歌曲《Every Breath You Take》：

> 你的每一次呼吸
>
> 你的每一个动作
>
> 你打破的每一种关系，你迈出的每一步
>
> 我都在注视你
>
> 每一天
>
> 你说的每一句话
>
> 你玩的每一个游戏，你停留的每一个夜晚
>
> 我都在注视你

这段歌词成为现代人的真实生活写照。面对日益严峻的网络隐私危机，许多网民开始采取措施保护自己隐私。如在网络空间使用虚假头像、姓名，上网时使用 ip 代理，分别申请不同电子邮箱用于接收工作邮件、亲友邮件和商业广告等。然而这并不能防止有心之人通过信息整合完成身份认定。

"麦克维诉柯汉案"（McVeigh v. Cohen）[1] 很能说明这一问题。美国军方对于同性恋军人一向实施"不问、不说"（Don't Ask，Don't Tell）政策。1998 年，麦克维因同性恋身份意外曝光而就上述政策起诉。1980 年加入美国海军的麦克维服役期间表现出色，并获得多种荣誉称号。1997 年，在火奴鲁鲁海军基地服役的麦克维使用其在美国在线（AOL）的邮箱给一个海军慈善捐赠活动写了一封回信，在信中，麦克维仅使用"boysrch"

---

[1]　983 F. Supp. 215，219（D. D. C. 1998）.

这一化名。而该慈善活动的工作人员则通过美国在线网站的会员信息查到发信人的签名为"Tim",此人曾在军队工作,现居夏威夷,其婚姻状态一栏则写着"同性恋"。这一信息随后被通报给麦克维的舰长。在排查中,麦克维很快成为了被怀疑对象。军舰的法律顾问在没有获得授权的情况下从美国在线客服口中套取了"Tim"的真实身份——麦克维。其后,美国海军以"同性恋行为"为由企图令麦克维行政退伍,后者只能起诉。

虽然麦克维最终同美国海军达成和解,但他的经历证明:留在网络空间的一点蛛丝马迹都可能引发巨大的隐私危机,甚至生活危机。

30岁的美国女孩贾斯汀·塞克(Justine Sacco)是一名公关。一次,她在等待前往非洲的飞机起飞时出于无聊发了条自以为幽默的推文:"要去非洲啦,但愿我不会得艾滋。开玩笑呢,我是白人('white'一词既有白人的意思,又有无辜的意思)。"随后她就登上了前往非洲的飞机。原本只有170个Twitter粉丝的她,做梦也不会想到这句玩笑会毁了她整个人生。随后,塞克的170个粉丝中有人把这条信息发给了一个有1.5万粉丝的记者山姆·比多(Sam Biddle),后者随后转发并评论"来自IAC公关总监幽默的笑话"。当塞克结束飞行再次开机时,她和她带有种族歧视性的推文已经成为搜索度第一的热门话题。而关于她的推文的成千上万条评论中充满了怨恨和愤怒。少数人曾试图发言为塞克辩解,最终因引发网民的谩骂而选择沉默。她所在的IAC公司也被迫表态,"这是条粗鲁无礼的推文,该员工目前还在国际航班上,暂时无法联系"。

塞克为此失去了工作,甚至在相当长的一段时间里不敢出门。

她在接受采访时透露，巨大的精神压力让她有时从梦中惊醒却不知道自己是谁。[1]如此沉重的代价，来自她一条寥寥数语的推文。

十几年前，Myspace、QQ 空间等网络平台刚面世时，人们将类似网络服务统称为博客，又名网络日志。最初，人们把这些平台当作与亲人、朋友分享生活点滴、思想和观点的工具。随着用户数量的增加以及名人博客、营利性博客的崛起，博客的影响力逐步增加。进化后的微博、Facebook、X 平台缩短了每条发送文字的数量，并完善图片、视频、微视频、秒拍等功能，使这些平台使用更加简单、易学，使用起来更加方便、快捷。因此，在全球范围内掀起了更大风潮。而在"微博客"类平台盛行之初，多数用户对于其影响力和对隐私的威胁程度并没有清楚的认识和体会，对于在使用这些平台过程中的默示规则、道德底线和法律规定都不甚了解，因此引发了各种各样的问题。经过几年的磨合，网民"摸着石头过河"的情况有所改善。尽管互联网空间的摩擦、碰撞和事故不会停止，但网民必将逐渐在实践中习得如何使用互联网以及如何使用社交网络以及如何在网络空间保护自己。

阿奎斯蒂（Acquisti）发现，除了给当事人带来烦恼，信息公开能所带来的负面影响甚至能波及他人。[2]

---

〔1〕 "'I lost my job, my reputation and I'm not able to date anymore': Former PR worker reveals how she destroyed her life one year after sending 'racist' tweet before trip to Africa", see http://www.dailymail.co.uk/femail/article-2955322/Justine-Sacco-reveals-destroyed-life-racist-tweet-trip-Africa.html, 最后访问日期：2015 年 2 月 16 日。

〔2〕 Alessandro Acquisti, Ralph Gross, "Imagined Communities: Awareness, Information Sharing, and Privacy on the Facebook", *Privacy Enhancing Technology workshop*, 2009; Emily Christofides, Amy Muise, Serge Desmarais, "Information disclosure and control on Facebook: are they two sides of the same coin or two different processes?", *Cyberpsychol Behav*, 2009, pp. 341-345.

明星"小S"一向喜欢在微博上传搞怪照片。2010年，醉酒后的小S在微博上传了一张与姐姐"大S"的合影，并写道："跟姐姐喝酒真开心！我爱她，爱她的才华，爱她的酒量，爱她的疯狂潇洒，爱她的无酒不欢！"尽管字里行间流露出对姐姐的爱，但所发照片却选择了大S较不美观的形象。由于大S也从事娱乐行业，属公众人物，且一向对自己公众形象格外小心，少有丑照流传，此照片上传后即吸引超过9万人点阅。[1]小S酒醒后删除了该照片，但已无法挽回局面。大S事后在某综艺节目谈及此事时抱怨："9万人看到，那就是全世界都看到啦！"

合照包含多个信息主体，一方无权限制其他人将照片上传至网络，此时个人信息的掌控权就处在一种形同虚设的状态。有些社交网络有给照片加"标签（tag）"的功能，就是在照片中圈出人脸并添加姓名等信息。信息主体没办法阻止这种行为，即便那是一张令人尴尬的照片。[2]

德国学者Matthew Smith通过分析著名社交网站Flickr上的数千张照片后发现，用户上传的照片中有1/3包括其他人，另有1/3附带准确的地理位置信息。这使得大量的个人隐私信息在当事人不知情的情况下被曝光。[3]欧盟司法专员维维安·雷丁（Vivian Reding）就曾有过类似的担心，"当你在派对上狂欢到凌晨四点，你可能会从Facebook上看到你自己醉酒的照片，

〔1〕 《小S上传大S丑照》，载 http://www.huaxia.com/jjtw/jtzdtw/jdrw/2010/07/1982763.html，最后访问日期：2010年7月13日。

〔2〕 王琴：《社交网络中的个人信息隐私》，中国传媒大学2014年博士后出站报告。

〔3〕 Matthew Smith, Benjamin Henne, Christian Szongott, Gabriele von Voigt, 2012 6th IEEE *International Conference on Digital Ecosystems Technologies*, pp. 1–6.

这可能是你某个朋友的杰作，但谁都无法保证，这些照片会不会被你的老板看见"。[1]当事人通常无法、无权阻止这种行为，也不能在事后消除相关的负面影响，只能独自承担一切后果。

个人信息的网络化使信息的"存在"成为一件值得担心的事情。2014年10月，有黑客在"4chan"论坛曝光了大量好莱坞女星不雅照，涉及数十位当红女星。其中一位影后首当其冲，她的60余张裸照和私密自拍被人们在网络空间疯狂下载和转发。[2]这些涵盖她各个时期的半裸、全裸照片令她在照片泄露当天即登上谷歌热搜榜第一名。

事实上，这些照片并非女星们主动上传或者因电子设备落入他人之手之后导致外泄，而是黑客瑞恩·科林斯恶意入侵他们的苹果云端（iCloud）和Gmail邮箱非法盗取取得。瑞恩·科林斯被捕后交代，他主要通过伪装成苹果或谷歌公司客服代表发送邮件以及通过暴力破解得到用户的账号密码并下载文件。[3]

据涉事女星经纪人介绍，此次事件曾严重影响受害女星的心情和工作，甚至无力去发布声明，"每一样我试着要写出来的东西都让我想哭、让我愤怒。一开始我想道歉，但是我不知道我有什么好对不起谁的。我无法对任何人形容自己看到自己的

〔1〕《我们该有被遗忘权》，载 http://bjqn. ynet. com/3. 1/1103/31/5861181. html，最后访问日期：2014年2月17日。

〔2〕 Heather Saul, "Jennifer Lawrence 4Chan naked pictures hack: Actress explains how she copes a year after stolen images were leaked", see http://www. dailydot. com/lifestyle/4chan-leakforjlaw-prank/，最后访问日期：2015年11月12日。

〔3〕《好莱坞艳照门背后黑客被捕，对罪行供认不讳 劳伦斯等受害明星暂未回应》，载 http://news. mtime. com/2016/03/17/1553513. html，最后访问日期：2016年3月17日。

裸照满世界传播时的心情，我觉得自己就像一块肉，为了卖钱而被人一再转手"。[1]

2015年8月，著名偷情网站Ashley Madison.com爆发全球性用户资料泄露事件。一名美国新奥尔良神学院的教授兼牧师因检索到自己信息如坐针毡，最终因无法承担巨大精神压力而开枪自杀，成为第一个因该起事件自杀的当事人。[2]

面对残酷的市场竞争，软件工程师总是自作聪明地设计一些自以为能取悦用户的功能，事实上有些功能让用户们因隐私泄露而感到尴尬。匿名是网络空间的"福利"，选择更改网名、头像是网络用户的权利。腾讯公司的QQ软件为了防止因更改网名等导致QQ好友"不知道对方是谁"情况的发生，推出了"推荐备注"功能，即当用户A没有对好友B备注姓名时，软件会自动向A用户推荐一些其他用户用于备注B用户的"信息"。而这些备注信息有时可能是用户并不想曝光的真实姓名、身份、经历，比如"某某公司经理王某某"；有时还可能是一些令人尴尬的信息，比如"某某的情人"。

一些社交网络还推出系统推荐好友功能，当两个用户有一定数量的共同好友或者公共身份标签（如同公司、同学校、同社区）时，系统推荐功能会自动在页面右侧推荐对方信息。这种推荐通常基于网站数据分析的结果，有时候能帮用户找到失联多年的旧友，但有时会"执着"地向用户推荐一些已经不想

---

〔1〕《詹妮弗·劳伦斯："我是个该死的奇迹"》，载 http://news.163.com/14/1117/06/AB80ARBI00014Q4P.html，最后访问日期：2014年11月17日。

〔2〕《欧盟立法保护个人数据隐私意义重大》，载 http://mt.sohu.com/20160201/n436501854.shtml，最后访问日期：2016年2月1日。

再联系的人，比如前任男、女朋友，或者已经闹翻的前同事。

　　在这个科技产品日新月异的时代，每个人都或主动或被动地用各种机器设备武装自己，如手机、平板电脑、可穿戴设备、GPS、无线网络、监控设备等。习惯与它们打交道的我们已经不能适应没有这些科技产品的生活。从某种程度上讲，科技带给了我们安全感，它让我们的生活变得更便利。同时，科技也带给了我们巨大的威胁，它记录下我们生活的所有痕迹，却不能做到守口如瓶。可以说，在科技面前，我们没有任何的隐私，也找不到藏身之处。

# 第六章　作为"生产要素"的个人信息

## 一、隐私的商业价值与个人信息保护立法

曾有人亲身实验连续 18 天不出门，单纯依靠手机应对生活中的各种问题，实验结果证明"缺场生活"是可行的。从基本的买菜、买水果、点餐、购物、看病、买药，到满足更高生活需求的上门美甲、理发、维修手机、给宠物洗澡，甚至捐书做慈善，都可以通过手机软件找人代劳。[1] 很难说清，究竟是人类的懒惰推动科技的进步，还是科技的进步成全了懒惰的人类。在生活节奏日益加快、社会竞争日益激烈的 21 世纪，"方便、快捷、省时、省力、省钱"成为很多人理想生活的追求目标。互联网、移动互联网、社交网络、大数据、云技术，这些令人炫目的科技犹如一块巨大的黑洞，吸引着人们。而普通网络用户们来不及思考它们带来的风险，就投身于科技带来的便利

---

〔1〕《十八天不出门，只靠手机应用生活实验》，载 http://www.sohu.com/a/28994393-180738，最后访问日期：2024 年 3 月 18 日。

之中。

## （一）隐私具有经济价值

50 年前，计算机和互联网尚未在民用领域普及，人们既不知道什么是大数据，也不用担心泄露的个人信息在一夜间传遍世界，更没有人将隐私信息上升至国家主权的高度讨论，而这一切在今天都变成了现实。信息不仅是财富、是资源，更是人类发展的一大命脉。

阿丽塔·L. 艾伦认为，凡是人们愿意为之付出代价的信息就是有价值的。[1]日常生活中的每一个细节都反映着人们对信息的需求。当你从睡梦中醒来，你需要看看闹钟或者天色，以此判断当下时间来决定是否能够继续睡一会儿；出门前，你需要知道今天的天气来决定今天穿什么衣服以及是否需要换上雨鞋并带上一把伞；在商务谈判场合，你希望尽可能从谈判对手的每一次皱眉或者微笑中获取信息来判断自己给出的是否是最优的价格；在医院，医生要借助各种先进设备检查我们的身体以确定病症；当你遇到心怡的女孩，你费尽心思想知道对方喜欢玫瑰还是百合，只为博美人一笑。如此说来，能帮我们作出判断的信息都是有价值的，尽管其中一部分并不需要付出代价。

在通讯不发达或者不够发达的时代，囿于传播广度和力度等因素，并不是说所有的信息都能遇见需要它的人，因此信息的价值也就未必能够实现最大化。而随着信息技术的革新，人

---

[1] [美] 阿丽塔·L. 艾伦、理查德·C. 托克音顿著，冯建妹等编译：《美国隐私法：学说、判例与立法》，中国民主法制出版社 2004 年版，第 168 页。

类对信息的生产、整合、处理和传播能力都大大加强。"平均每秒有 200 万用户在使用谷歌搜索，Facebook 用户每天共享的信息超过 40 亿，Twitter 每天处理的发布内容数量超过 3.4 亿。"[1]以大规模、高速、多样为特点的大数据处理技术的出现，更是把信息的利用价值提升了百倍。过去单一、零散、无价值的信息，通过大数据技术的整合、分析和加工被赋予了新的生命。

美国法学家和经济学家波斯纳（Posner）从法经济学的角度提出了对于信息性隐私权的否定观点。他将隐私权定义为一种"中介利益"（intermediate good）。[2]与这种工具性利益对应的是"好奇心"（curiosity）和"刺探行为"（prying）。他将信息性隐私权的需求归于需要借助信息做判断的信息收集者，如税务员、银行、债权人等，而另一方是希望通过掩盖信息误导（或者说欺诈）他人的人。波斯纳承认隐私的财产性质，但他认为法律对于个人信息性隐私权的承认会增加交易和交往的成本，不利于实现经济的最大利益。他的观点完全从经济学的角度出发，认为个人隐私利益须让步于整体经济利益，即为了实现经济利益的最大化，个人应当放弃对安宁和独处的需求。这种观点忽略了隐私作为一项人权对于人类尊严的价值。隐私权是一项同人类主观感受密切相连的权利，这伴随着隐私理论发展的全过程。

---

〔1〕 冯登国、张敏、李昊：《大数据安全与隐私保护》，载《计算机学报》2014 年第 1 期。

〔2〕 Richard A. Posner, *Economic Analysis of Law*, Princeton：Little Brown and Compony, 1977, p. 6.

## （二）个人信息的经济价值

"在 1 – 1800 U. S. Search，American Data Link 公司输入某个人的社会安全号，一个小时内就能找到这个人近 10 年内的住址变动以及电话号码，出生日期和别名。花上 179 美元，就可以找到他在银行保险库的保险箱；花上 289 美元，可以访问其银行档案；花上 789 美元，就可以了解他存有多少海外账号。"[1]这看起来不可想象，但现实只会比这更糟。国内曾有自媒体做过实验，只需花 3300 元，就可以买到一个人的"全部"个人信息，包括电话号码、家庭住址、开房记录、航班信息等。这也说明，信息贩卖背后有一条完整的产业链支撑。[2]

中国有个成语"习以为常"，意思是说当一个人重复做某种事情或反复看见某种现象，就觉得很平常了。人们已经习惯互联网，以及与互联网的互动模式。人们在使用互联网的过程中，就习惯了向互联网作出"妥协"。10 年前，我们为了获得免费的杀毒软件，不假思索地选择捆绑设定浏览器默认主页；5 年前，我们为了少看 30 秒广告，注册成为某视频网站会员；1 年前，我们为了省下 10Mb 的流量，选择将装有支付宝、微信、QQ、邮箱等重要 APP 的手机连上某个小咖啡馆的无线网。我们当然明白这其中的隐私风险，但总带着某种侥幸心理，或者自以为聪明地用"一个账号一个网名""一个账号一个密码""绝

---

〔1〕　向淑君：《敞开与遮蔽——新媒介时代的隐私问题研究》，知识产权出版社 2011 年版，第 110 页。

〔2〕　《花了 3300 元，我查到女朋友的开房记录、外卖地址、航班信息》，载 https://www.bilibili.com/video/av542073035/，最后访问日期：2024 年 1 月 10 日。

不将不同平台的账号关联"等办法防止信息泄露。

我们真的能一直这样坚持下去吗？试想一下这个过程：某天你收到某新上线的鲜果电商平台发来的短信："主人，您好！我是北京平谷又大又甜的大桃啊，再过三天我就要成熟了，请带我回家吧！某某网送您买 100 减 50 的代金券，赶快点击下面链接领取吧！新用户收单再减 20 元哦！"初看短信的你可能带着一点不耐烦，"怎么总给我发广告！从哪儿知道我手机号的！"可拇指还没点击"删除"，你下意识地在心中盘算了一下："满100 元减 50 元，首单再减 20 元，那不就是花 30 元买 100 元的水果！够吃一个星期了！"于是你带着"买一单就删"的想法下载了这个软件。注册新账户的流程你再熟悉不过了，你可以选择从头输入姓名、昵称、邮箱、设置密码，或者 QQ 账户、支付宝账户、微信账户等第三方平台登录。出于隐私的考虑，你起初并不打算使用第三方账号密码登录，但是几次尝试设置密码均不符合规定后，一个声音在心中对你说："要不就用 QQ 登录吧。"这一秒钟的松懈，使你的姓名、住址、手机号、QQ 账号以及该账号附带的一切信息同你"喜欢水果，喜欢桃子"这一信息组合在一起。你的网络侧写在此时此刻变得更加立体。

而这些仅仅是"显性"的隐私曝光。多数情况下，我们在网络空间的隐私是通过"隐性"的数据"痕迹"抓取和拼凑而泄露的，例如，人们熟悉的 Cookies 技术。简单来说，Cookies 是一种从客户端硬盘存取数据或者将一定数据存储至客户端硬盘的技术。Cookies 文件是指，用户浏览网站时，由 Web 服务器的CGI 脚本创建的存储在浏览器客户端硬盘上的一个小型文本文件。目前大多数网页浏览软件都支持 Cookies 技术，甚少有不兼容该技术的网页，几乎所有的网站设计者都在使用 Cookies 技术。Cookies 技术的这种特性，使得网站和包括政府和商业实体在内的一些机构可以不经过允许地搜集网络用户的个人信息。Cookies 文件记录着网络用户的各种信息，从登录客户端的互联网协议地址 IP 地址、登录时间、时长、网页浏览痕迹、浏览顺序、浏览频率、商品收藏记录、网络消费记录、重复购买周期，到我们的日程安排、出行计划甚至账号密码，这些都被 Cookies 记录在案。通过对这些零散信息的分析、比对所形成的侧写中所记录的"他/她"的住址、性别、年龄、教育程度、国籍、消费习惯、收入水平、消费水平、工作岗位、恋爱经历、婚事、家庭成员情况等，犹如一个镜像，记录的内容与真实世界的我们几乎没有丝毫区别，而我们对此一无所知。

## （三）便利的代价：隐私泄露

Wi-Fi 是一种通过无线电波将个人电脑、手机、平板电脑、GPS 等电子设备连接至互联网的技术。凭借其覆盖广、速度快、成本低等优点，Wi-Fi 网络迅速在全球范围获得广泛应用。Statista 统计数据显示，截至 2024 年 1 月，北欧地区的 Wi-Fi 普及率为 97.6%，北美地区为 96.8%，东亚地区为 76.8%，中亚地区 76.2%，全球平均普及率为 66.2%。[1] 根据 2022 年中国互联网络信息中心公布的《中国互联网络发展状况统计报告》，截至当年 12 月，我国互联网普及率达 75.6%，其中普及率最高的

---

〔1〕　"Global internet penetration rate as of January 2024", see https://www.statista.com/statistics/269329/penetration-rate-of-the-internet-by-region/，最后访问日期：2024 年 3 月 18 日。

三个城市分别是上海、北京和天津，普及率分别为 89.8%、89.7% 和 84.0%。[1]

中央电视台曾连续两年在 "3·15" 晚会现场曝光利用 Wi-Fi 技术盗取用户隐私这一问题。在 2015 年的晚会现场试验中，现场观众将手机连接现场伪装的 Wi-Fi 后，由 360 安全工程师模仿的黑客通过上述伪装的 Wi-Fi 成功获取现场观众手机上的照片、邮箱地址和密码等重要信息。在 2016 年的晚会现场试验中，现场观众在购物类软件中的订单和消费记录统统被伪装的 Wi-Fi 提取，相关消费记录中涉及的电话号码、家庭住址、身份证号码、银行卡号均被暴露在现场大屏幕上。

著名信用报告机构曾对隐私权相关问题开展大范围调查，结果显示，尽管受访者对隐私问题表示 "担忧" 态度的比例从 1970 年的 34% 上升至 1994 年的 84%，但仍有 78% 的受访者认为，"由于电脑可以处理更多的私人信息，因此公司可以为顾客提供比以往更多的个性化服务"。[2]人们显然不愿为了保护隐私而舍弃科技带来的便利。近年来，医用人体芯片技术取得重要进展。美国生物公司 Microchips Biotech 宣布将携手同泰华制药（Teva Putical）将其研发的可植入芯片推向医疗市场。这种可以通过门诊手术植入身体的微芯片中包含了可通过电流释放的 "针头般大小的治疗方案储备库"，它们可用于治疗 "糖尿

---

〔1〕《2022 年全国各地互联网普及率排行榜 互联网普及率排名前十地区 各省互联网普及率数据》，载 https://www.maigoo.com/news/1jgNMTIw.html，最后访问日期：2024 年 3 月 16 日。

〔2〕 "The Equifax Report On Conmumers In The Information Age（1990）"，转引自张民安主编：《信息性隐私权研究——信息性隐私权的产生、发展、适用范围和争议》，中山大学出版社 2014 年版，第 390－391 页。

病、癌症、多发性硬化和骨质疏松症,并可在体内维持 16 年的治疗效果"。[1]目前在全球范围内有多家机构研发人体芯片项目。在该技术的初始阶段,人体芯片就得到了医学界的高度重视,它被认为能够实现记录身份信息、完整病史、控制用药和对失去意识的患者定位的功能。这无疑将对疾病的预防和治疗工作起到积极的辅助作用。上述福利的代价则是使用者生物信息的曝光,而对于真正有需要的患者而言其实并没有过多的选择余地,因为人体芯片无疑能够提高他们的生活质量,甚至挽救他们的生命。

## (四) 个人信息保护的法治化

二战时,一些国家利用人口普查数据确定敌国公民身份。[2]特别是纳粹利用数据分析确定犹太人身份进而开展大规模屠杀,这让欧洲各国都意识到保护个人信息的重要性,进而引起了战后欧洲信息保护的立法浪潮。[3]美国法学界对信息性隐私权的承认始于 20 世纪 70 年代,这显然不是历史的偶然。计算机的发明使得人类在收集、整合、处理和存储信息时的成本大大降低,而效率却大幅提高,这为各种资料库的出现创造了可能。此外,20 世纪中期,欧美国家纷纷着手改善福利制度,美国政府机构在此背景下收集了大量公民个人信息以建立个人数据库,其内

---

〔1〕 黄锐:《人体芯片:超人的第一步:医疗、传感类芯片植入正从科幻走向现实》,载《东莞日报》2015 年 7 月 6 日,第 B07 版。

〔2〕 Solveig Singleton, "Privacy and Human Rights: Comparing the United States to Europe", see http://www. cato. org/pubs/wtpapers/991201paper. html,最后访问日期: 2012 年 11 月 16 日。

〔3〕 例如,1973 年的芬兰《数据法》和 1977 年联邦德国的《数据保护法》等。

容逐步丰富、完善，不仅包括姓名、年龄、性别等基本信息，还包括教育程度、收入水平和地理位置等信息。

20世纪70年代，嗅觉灵敏的商家们意识到政府手中数据库的潜在价值，开始策划利用人口数据库进行定位的"集群营销"（cluster maiketing）方案。几乎与此同时，美国政府开始销售存储于磁带中的人口普查资料。虽然人口普查局出售的个人信息数据资料并没有提供姓名，仅提供每户的地址，但Donnelley、MetroMail等公司借助选民登记表和公开电话簿实现了地址与姓名的一一对应，人口普查局的隐私保护措施随即成为空谈。"集群营销"模式定位精准、高效，且收益丰厚。到了20世纪80年代，商家将数据库进一步细化，不仅收集消费者的客观信息，还更注重对于消费者主观心理状态和感受的信息收集。

1995年，数据库营销创下了6000亿美元的销售奇迹，更创造了超过1800万个就业机会。这种营销模式的平均宣传投入比广告宣传投入低了一半，因此受到各大公司的青睐。至1996年，77%的美国公司选择通过直接邮件、目标邮件等营销方法进行宣传。而这意味着，每个美国家庭每年要收到超过500封未经允许的广告邮件或者电话。[1]

在互联网时代，一切有关人的生活细节都是商机，都具有价值。"隐私权在内容上不再是单纯的隐蔽权，也开始逐渐添加了新的内容——利用权，而利用权已经开始具有财产权的属

---

〔1〕 ［美］丹尼尔·J.索罗韦伊著，孙言译：《隐私权与权力：计算机数据库与信息性隐私权隐喻》，载张民安主编：《信息性隐私权研究——信息性隐私权的产生、发展、适用范围和争议》，中山大学出版社2014年版，第125页。

性。"〔1〕"人格尊严""生活安宁"不再是隐私权的首要价值，隐私信息的利用权比它们更加重要。

当隐私脱离了有形的、有明确所有权的动产或者不动产的范畴，成为主体对信息的掌控权，"谁是信息的权利主体"就成为了一个值得争论的话题。美国乔治城大学教授朱莉·E.科恩认为，"信息性隐私权问题在一定程度上就是信息所有权之争"。〔2〕

一条包含隐私内容的信息，其所有人究竟应该属于隐私内容直接指向的人，还是应该属于通过分析、整合将零散内容"汇集"成为信息的人呢？这就必须引出两个相关概念：个人信息主体和信息处理主体。

个人信息主体，是指特定信息的存在所依托、指向的自然人或者自然人群体。个人信息主体是个人信息的来源。从人身权的角度讲，个人信息主体对其个人信息依法享有支配和控制的权利。根据美国信息隐私法的规定，个人信息主体仅限于自然人。而法律关系的主体包括自然人、法人和其他组织。个人信息主体通常抱有一种期待：自己的个人信息应该由自己做主，其他人不能不经允许随意使用。

信息处理主体，也称信息管理者或信息控制者（data controller），是指个人信息主体以外的对个人信息有一定的决定权的

---

〔1〕　刘德良：《论隐私权》，载《新疆大学学报（哲学社会科学版）》2003 年第 2 期。

〔2〕　[美] 朱莉·E. 科恩著，孙言译：《信息性隐私权：被客体话的主体》，载张民安主编：《信息性隐私权研究——信息性隐私权的产生、发展、适用范围和争议》，中山大学出版社 2014 年版，第 5 页。

自然人或法人，可以是个人信息的收集人、储存人、利用人以及其他对个人信息进行操作的人。从知识产权的角度看，信息处理主体利用手中的资源，付出时间和精力，"汇集"信息的过程其实是一种"生产"过程，应当对处理过的信息拥有所有权。

目前学界认可的所有权理论分为两派。洛克的劳动所得理论（labor-desert theory）强调人们通过劳动或者财富的投入获得所有权，进而享有禁止或者允许他人使用的权利。而功利主义理论则关注利益的最大化，认为应由出价最高者取得所有权。从知识产权的角度看，信息处理主体利用手中的资源，付出时间和精力，"汇集"信息的过程其实是一种"生产"过程，应当拥有所有权。商业实体的生存和发展需求在一定程度上抑制了个人信息保护相关法律的立法进程。在个人信息保护相关法律出台之前，网络服务平台都在践行"掌握即拥有、即自由"理念，使用用户的个人信息为自己盈利。业内确有一些免费软件为了搜集用户的个人信息赔本运营，免费软件被推出的目的就是培养客户群和市场调研，收集、使用这些信息才是变现的终点。如果平台不被允许收集、使用用户个人信息，他们的结局就是倒闭，这必然在一定程度上会抑制行业的活力。

在个人信息保护成为一个全球性的时代问题之前，侵权法对隐私的保护是以保护"人格尊严"为价值取向的，这对个人信息保护的立法造成了一定的阻碍。一方面，个人信息的收集、制作、使用、公开行为通常是"无感伤害"，并不直接给信息主体带来尊严损伤；另一方面，诸如姓名、电话号码等信息本身就不具有隐私性。以美国为例，美国有关隐私权保护的立法主要有《健康保险携带和责任法案》(Instance the Health Insurance Portability and Accountability Act)、《儿童在线隐私保护法》以及《公平准确信用交易法》几个法案涉及相关问题。一个案件如果不存在对尊严的损害，则当事人很难依侵权法获得救济。在实践中，一些法院依财产权解决上述问题。例如，"阿瓦哈密诉美国新闻与世界报道公司案"(Avrahami v. U. S. News & world report, inc. )[1]中，原告阿瓦哈密因被告出租包括自己姓名的名录而提起诉讼，弗吉尼亚州阿灵顿县巡回法院将此案作为姓名权纠纷处理。科恩认为，不能盲目地将知识产权相关理论引入信息性隐私权领域，如果法律将个人身份信息的所有权首先分配给信息处理商，那么，庞大的财富就会在他人毫不知情的情况下被暗度陈仓，落入信息处理商的手中，而且信息处理商也不会给他人提供任何合理的解释。[2]但如果否认信息加工者的付出，则那些根据真实故事改编而成的电影的创作者们将不能享有电影的财产权。[3]

无论是依据劳动所得理论还是功利主义理论，"限制个人身份信息交换的做法都是不合理的"。[4]这样做将直接限制商业

---

〔1〕　Avrahami v. U. S. News & world report, Inc. , Va. Cir, Ct. Jun 13, 1996.

〔2〕　[美]朱莉·E. 科恩著，孙言译：《信息性隐私权：被客体话的主体》，载张民安主编：《信息性隐私权研究——信息性隐私权的产生、发展、适用范围和争议》，中山大学出版社2014年版，第9页。

〔3〕　[美]杰西卡·利特曼著，张雨译：《信息性隐私权与信息性财产权》，载张民安主编：《信息性隐私权研究——信息性隐私权的产生、发展、适用范围和争议》，中山大学出版社2014年版，第262页。

〔4〕　[美]朱莉·E. 科恩著，孙言译：《信息性隐私权：被客体话的主体》，载张民安主编：《信息性隐私权研究——信息性隐私权的产生、发展、适用范围和争议》，中山大学出版社2014年版，第9页。

实体的发展，而多数情况下，个人信息主体并不会从中获利。在传统的社会生活中，我们的亲人、朋友、同事、邻居对我们进行直接或者间接的观察，他们将信息归纳、总结，从而得出有关我们的结论。尽管有时我们会因此感到尴尬，甚至是不快，但通常我们并不会、也无权阻止他人这样做。因为他人对我们个人信息的利用和传播能力有限，对我们生活的影响力有限，且通常不能从中获利。

在正式立法出台之前，学界对于个人信息保护的必要性已多有讨论。例如，我国2009年已有学者提出，搜集个人信息的行为应当遵守一定的规则，认为收集、处理和利用个人信息的行为应当做到手段合法、数量有限、目的明确；对于个人信息的存储应该完整、准确并做到及时更新和删除；个体对其个人信息享有知情权、访问权和求偿权。[1]通过个人信息获得的财产利益的分配问题同样受到关注，如果信息加工主体因信息加工获利，则个人信息主体有权分享因信息加工获得的物质或非物质利益。亚瑟·米勒（Arther Miller）主张，如果个人信息被视作一种财产，则法律应赋予信息财产权保护，信息主体则享有控制自身信息的权利。[2]如果信息性隐私权的目的是免受侵扰而不是获益，那么就没有必要将它认定为财产权。正如帕梅拉·塞缪尔森（Pamela Samuelson）教授所说："个人信息的财产化能够使人们从个人信息的现存市场中获利，并且能使公众控制个人信息的流通，

---

〔1〕 齐爱民：《拯救信息社会中的人格——个人信息保护法总论》，北京大学出版社2009年版，第17页。

〔2〕 Arther R. Miller, *The Assault On Privacy: Computers, Data Banks, And Dos Sier-Is*, The Unioelsiiy of Michigan Press, 1977.

虽然目前他们没有这种控制能力。"[1]将信息收益分享给个人信息主体将耗费信息加工者大量的人力、财力用于联系信息主体。此外,个人信息主体获利的比例不易确定,最重要的,大数据分析所涉及的个人信息主体数以万计,均分之后的收益可能会是一个极其微小的数字。多数情况下个人信息主体的获利并不以金钱形式呈现,而且不一定是直接获益。举例来说,房产中介机构出售潜在购房者的电话号码致使后者饱受电话骚扰之苦,同医生搜集患者病例进行医学研究的行为就存在性质上的差异。最直白的差异是:房产中介出售潜在购房者电话的目的是收取金钱收益,而医生做医学研究是为了研发医疗技术。个人信息主体的侵权索赔应以遭受实质损害为前提,而对于未遭受实质损害的个人信息主体,则可通过获利权主张分享信息加工主体的经济收益。

经过多年的争论和探讨,2016 年 4 月欧盟议会和欧盟理事会通过决议:自 2018 年 5 月起开始强制实施《一般数据保护条例》。世界范围内上百个国家相继出台个人信息保护立法。2021年,《中华人民共和国个人信息保护法》(以下简称《个人信息保护法》)正式出台,明确了个人信息处理的基本原则。

第一,确定依法处理个人信息这一基本原则。《个人信息保护法》第 1 条规定:"为了保护个人信息权益,规范个人信息处理活动,促进个人信息合理利用,根据宪法,制定本法。"明确了个人信息处理活动规范化这一立法目的。

---

〔1〕 〔美〕杰西卡·利特曼著,张雨译:《信息性隐私权与信息性财产权》,载张民安主编:《信息性隐私权研究——信息性隐私权的产生、发展、适用范围和争议》,中山大学出版社 2014 年版,第 260、263 页。

第二，明确个人信息的定义和范围。《个人信息保护法》第4条第1款将个人信息界定为："个人信息是以电子或者其他方式记录的与已识别或者可识别的自然人有关的各种信息，不包括匿名化处理后的信息。"第73条第4项规定："匿名化，是指个人信息经过处理无法识别特定自然人且不能复原的过程。"这给个人信息控制者的使用行为提供了空间和可能。

《个人信息保护法》第3条第2款规定了个人信息保护的域外适用规则："在中华人民共和国境外处理中华人民共和国境内自然人个人信息的活动，有下列情形之一的，也适用本法：（一）以向境内自然人提供产品或者服务为目的；（二）分析、评估境内自然人的行为；（三）法律、行政法规规定的其他情形。"

第三，《个人信息保护法》明确了处理个人信息的基本原则。第14条明确规定："基于个人同意处理个人信息的，该同意应当由个人在充分知情的前提下自愿、明确作出……"即，个人信息处理者必须事先明确、具体地"告知"个人信息主体使用的目的，并赋予信息主体自主决定的权利。并且，个人信息主体在个人信息处理活动中还享有包括知情权、决定权、查阅与复制权、个人信息可携带权、个人信息的更正权、删除权等权利。此外，《个人信息保护法》明确个人信息处理合法、正当、必要、诚信、公开、透明、最小范围、最小损害等基本原则。这些原则的设定意在弥补个人信息主体在个人信息保护中的弱势地位，确保个体维护自身权益的可能性。

第四，《个人信息保护法》第二章对于个人信息处理的全流程作出明确规定，意在防止信息处理者在信息的收集、使用、加工、传输的过程中违背信息主体的个人意愿违规行为，侵犯信息主体利益。并且，《个人信息保护法》对于违反这些规定的行为规定了严格的违法责任。例如，第66条规定："违反本法规定处理个人信息，或者处理个人信息未履行本法规定的个人信息保护义务的，由履行个人信息保护职责的部门责令改正，给予警告，没收违法所得，对违法处理个人信息的应用程序，责令暂停或者终止提供服务；拒不改正的，并处一百万元以下罚款；对直接负责的主管人员和其他直接责任人员处一万元以上十万元以下罚款。有前款规定的违法行为，情节严重的，由省级以上履行个人信息保护职责的部门责令改正，没收违法所得，并处五千万元以下或者上一年度营业额百分之五以下罚款，并可以责令暂停相关业务或者停业整顿、通报有关主管部门吊销相关业务许可或者吊销营业执照；对直接负责的主管人员和其他直接责任人员处十万元以上一百万元以下罚款，并可以决定禁止其在一定期限内担任相关企业的董事、监事、高级管理人员和个人信息保护负责人。"

《个人信息保护法》还明确要求个人信息处理者建立、完善个人信息保护的配套制度。包括个人信息保护合规制度体系，建立个人信息保护的外部监督机构，接受社会监督并定期发布个人信息保护社会责任报告等。

第五，对敏感个人信息保护和利用个人信息进行自动化决策等问题做出相应规定，确保特殊群体、特殊情境下的个人信息处理活动合法、合规。

## 二、国家安全与公民隐私安全

"随着信息化社会的到来，特别是网络化的计算机系统和大型数据库的建立，大量涉及金融、医疗、保险、财产、家庭等方面的个人信息集中掌握在政府部门手中，随时都有可能发生个人信息失控的情况。公民的个人信息一旦被他人非法获取，或者信息持有者未经公民本人授权擅自将这些数据用于职责以外的其他目的，就很容易对公民的隐私权甚至人身个人信息保护安全造成侵害。"[1]

2013 年 6 月，前美国中央情报局（Central Intelligence Agency，以下简称 CIA）雇员爱德华·约瑟夫·斯诺登（Edward Joseph Snowden）向《卫报》和《华盛顿邮报》披露美国国家安全局（National Security Agency，以下简称 NSA）关于 PRISM（棱镜计划）监听项目的机密文档，即引爆震惊全球的"棱镜门事件"。

斯诺登曾为 NSA 工作多年，是其技术承包人。2013 年，斯诺登进入国防承包商博思艾伦咨询公司（Booz Allen Hamilton）工作。同年 5 月，斯诺登以治疗癫痫病为由申请暂时离职并获批准。此人于 5 月 20 日抵达香港，入住香港美丽华酒店（The Mira Hotel），并在酒店内接受《卫报》专访，同时向该报披露

---

〔1〕 周健：《美国〈隐私权法〉与公民个人信息保护》，载《情报科学》2001 年第 6 期。

了秘密文档内容。

　　6 月 5 日，《卫报》公开美国外国情报监视法院（FISC）的一道绝密指令，该指令要求美国电信服务商威瑞森（Verizon）的一个商业分支逐日提供"包括本土电信通话在内的美国境内所有的"以及"美国和他国"所有电信通话的元数据。6 月 6 日，《卫报》和《华盛顿邮报》同时披露启动于 2007 年的，号称能让 NSA 对电邮、网页搜索及其他互联网通讯进行实时监控的"棱镜"项目。谷歌、雅虎、微软、Facebook、Skype、贝宝聊天、YouTube、美国在线和苹果 9 家美国互联网公司许可 NSA 和美国联邦调查局直接接入他们的中心服务器挖掘数据以搜集情报。这项计划的目的是在没有授权的情况下"获知世界上每个人说的每一句话和做的每一个动作"，对网络上的所有"流经"美国以及存储于美国的通信数据进行深度监听，对象包括所有在美国以外的上述 9 家公司的用户，以及所有同国外人通信的美国公民。因此，NSA 可以获取"被监听对象的所有电子邮件、视频和语音交谈、视频、照片、网络通话、文件传输、登录下线等活动通知以及社交网络细节"。依照斯诺登的说法，"美国国家安全局已搭建一套基础系统，能截获几乎任何通信数据。凭借这样的能力，大部分通信数据都被无目标地自动保存。如果我希望查看你的电子邮件或你妻子的手机信息，所要做的就是使用截获的数据，然后就能获得你的电子邮件、密码、通话记录和信用卡信息"。[1]

　　斯诺登意识到美国政府滥用权力的行为已经构成对互联网自

---

〔1〕《美国国安局被曝监控外国人电话 泄密者逃亡香港》，载 http://news.sohu.com/20130611/n378578251.shtml，最后访问日期：2013 年 6 月 13 日。

由、公民隐私和人权的侵犯。因此选择向媒体曝光此事，他说："我所做的是维护自身利益：我不想生活在一个没有隐私的世界，不想生活在一个不给知识探索和创造力留空间的世界。"[1] 对于自己背井离乡、孤注一掷的选择，斯诺登表示并不后悔，他说："我愿意牺牲所有的这一切，因为我不能昧着良心，让美国政府依靠着他们秘密建造的大型监视体系，去摧毁全世界人民的隐私、网络自由和基本权利……我希望能让公众知道，这些以他们的名义所做出来的事情，其实是在对付他们。"[2]

"6月12日，在美国国会参议院情报委员会举行的听证会上，美国国家安全局局长亚历山大辩称，美国所实施的大规模秘密监控是维护美国安全所必需的'有效手段'，监控手段经由国会批准。这些监控项目在纽约、芝加哥等地摧毁或帮助摧毁了恐怖分子的破坏图谋。他认为，斯诺登的'泄密'行为损害了国家安全局的行动能力，其结果是令美国及盟友已不像两周之前那样安全。"[3]

生活与艺术有时会出现惊人的巧合。"你早已这样生活了：你发出的每一个声音，都是有人听到的，你的每一个动作，除非在黑暗中，都是有人仔细观察的。"英国作家乔治·奥维尔（George Orell）在1949年出版的政治小说《1984》中预言了这种现象。这本小说塑造了一个"Big Brother"的形象，它代表着

---

〔1〕《泄密者》，载 http://www. xnwbw. com/html/2013 - 06/27/content_91954. htm，最后访问日期：2013 年 6 月 27 日。

〔2〕《叛国者 or 救世主》，载 http://www. nbweekly. com/news/special/201306/33474. aspx，最后访问日期：2013 年 6 月 25 日。

〔3〕《"棱镜门"和〈一九八四〉的突然畅销》，载 http://news. sina. com. cn/o/2013 - 06 - 15/023927402010. shtml，最后访问日期：2023 年 6 月 15 日。

全知、全能的政府，可以监视、管制人们的一切生活细节，包括思想。在这个恐怖的极权主义国家里，独处和隐私被视为危险行为。Big Brother 给每家每户安装一种被称为"电屏"的设备，并时刻监视着人们的言行。"电屏能够同时接收和放送。温斯顿发出的任何声音，只要比极低声的细语大一点，它就可以接收到；此外，只要他留在那块金属板的视野之内，除了能听到他的声音之外，也能看到他的行动。当然，没有办法知道，在某一特定的时间里，你的一言一行是否都有人在监视着。思想警察究竟多么经常，或者根据什么安排在接收某个人的线路，那你就只能猜测了。甚至可以想象，他们对每个人都是从头到尾一直在监视着的。反正不论什么时候，只要他们高兴，他们都可以接上你的线路。"[1]

"电屏"的功能与英国哲学家、社会改革学家边沁（Bentham）提出的"圆形监狱"（Panopticon）类似，后者最初是一种监狱的建筑学设计。20 世纪 70 年代，福柯（Foucault）在《规训与惩罚》中对"圆形监狱"提出完全描述：从外观上看，圆形监狱是一个环形建筑，中心是高耸的、布满大片玻璃的瞭望塔，外围则环绕着多个独立囚室，里面分别囚禁了罪犯、疯子、病人等囚犯。瞭望台上的监视人员可以清楚地看到每一个囚室内的情况，而由于逆光效果，囚室内的囚徒无法看到监视人员。这种设计可以有效减少监视人员的数量，即使只安排一名监视人员，甚至无人监视，同样可以有效防止囚犯的不轨行为。囚徒因疑心自己时刻受到监视，终日生活在恐惧和不安

---

〔1〕 ［英］乔治·奥威尔著，董乐山译：《1984》，花城出版社 1985 年版，第 6 页。

中。囚徒的恐惧和担心，足以使他们完全驯服于监控者。

华盛顿大学法学院教授丹尼尔·J. 索罗韦伊认为，Big Brother 所代表的政府"之所以企图统治人们的私人生活，其原因在于私人生活是控制他人整体存在，即他人的思想、看法与行动的关键。[1]这有利于将一切政府不愿意看到的'邪恶'想法和行为扼杀于萌芽"。

与小说中不同的是，现代政府为他们的监控行为披上了一件美丽的外衣——国土安全。"9·11"事件发生之后，美国人民比以往都更加关注国土安全。时任美国国家安全局局长基斯·亚历山（Keith Alexander）大曾表示，"棱镜"项目已经帮助制止了可能在美国以及海外发生的数十起恐怖袭击。[2]或许正是因为如此，时任美国总统奥巴马在"棱镜门"爆发后拒绝为政府窃听行为道歉，并称窃听是"值得的"，他希望公众明白"100%的安全和100%的个人隐私不可兼得，每个人都不得不有所取舍"。[3]

在个人隐私与国土安全之间作出取舍并不容易。隐私是人有尊严地生活于社会的前提之一，而国土安全则关系到人们能否安全地生存下去。据美国《华盛顿邮报》报道，皮尤研究中心调查结果显示，"56%的美国公民表示可以接受国安局为反恐

---

〔1〕 〔美〕丹尼尔·J. 索罗韦伊著，孙言译：《隐私权与权力：计算机数据库与信息性隐私权隐喻》，载张民安主编：《信息性隐私权研究——信息性隐私权的产生、发展、适用范围和争议》，中山大学出版社 2014 年版，第 135 页。

〔2〕 《美国安局长为"棱镜门"辩护 称曾阻止数十起恐袭》，载 https://news. red-net. cn/c/2013/06/13/3039944. htm，最后访问日期：2024 年 3 月 16 日。

〔3〕 《美国"棱镜门"拷问安全和隐私边界》，载 http://news. xinhuanet. com/ne-wmedia/2013−06/13/c_124848628. htm，最后访问日期：2013 年 6 月 13 日。

跟踪对百万美国人进行电话记录监控，仅 41% 的人表示反对"。甚至有 45% 的受访者表示，如果美国政府真能阻止类似"9·11"恐怖袭击的另一次袭击，那么政府"应该进一步加大对民众网络活动的监控"。[1]

政府有义务倾尽全力地保证国土安全，维护国家的利益。在一定程度上，政府掌握公民的个人信息，甚至实施监控能够更好地实现上述目的。同时，政府也有义务维护公民的尊严和生活安宁。政府有义务保证这种监控行为始终遵守严格的规定，防止无目的的监控行为发生。同时，无论国土安全受到何种威胁，政府都有义务为公民提供一定空间和时间范围内的"无监控空间"，确保公民有喘息的机会，而不是像圆形监狱中的囚犯一样，惶惶不可终日。因为无论出于何等正当目的，信息一旦以数据形式存在，就存在泄露的可能，从而对人们的隐私构成威胁。

2016 年，《中华人民共和国网络安全法》正式公布，其中就对网络运营者合法、合规收集、使用公民个人信息作出了规定，并明确赋予个人信息主体要求网络运营者删除其个人信息的权利。其中第 43 条规定："个人发现网络运营者违反法律、行政法规的规定或者双方的约定收集、使用其个人信息的，有权要求网络运营者删除其个人信息；发现网络运营者收集、存储的其个人信息有错误的，有权要求网络运营者予以更正。网络运营者应当采取措施予以删除或者更正。"

---

〔1〕《民调称多数美国人接受政府监控民众电话记录》，载 http://www.chinanews.com/gj/2013/06-11/4919457.shtml，最后访问日期：2013 年 6 月 11 日。

2022 年 7 月 21 日，滴滴全球股份有限公司因违法收集用户手机相册中的截图信息、过度收集用户剪切板信息及应用列表信息及过度收集乘客人脸识别信息等行为被国家互联网信息办公室处人民币 80.26 亿元罚款，同时对该公司董事长兼 CEO 程维和总裁柳青各处人民币 100 万元罚款。[1]

## 三、政府信息公开与公民隐私

古今中外的政府，无一不掌握着其民众的信息。古巴比伦王国在公元前 4500 年就曾开展过全国性人口普查，古埃及、古印度和中国均在公元前就开始了人口普查历史。[2]我国明朝初期的官府登记户口的簿册户帖，比近代西方的"人口普查"更为全面。[3]从人口数量到灾情、疫情，从杂税、劳役到土地丁权，这些信息的搜集和掌控是国家治理的必然需求。伴随着新技术的发明和应用，政府对公民信息的掌控从未像今天这般全面，也从未像今天这般令人不安。由于各国政府掌握着世界上最全面的信息资源，政府能否妥善保管和使用这些信息就成为信息社会隐私保护的关键一环。

---

〔1〕《重磅！滴滴被罚 80 亿元，16 项违法情节严重性质恶劣》，载 https：∥ new. qq. com/rain/a/20220722A01VZ600，最后访问日期：2022 年 7 月 22 日。

〔2〕《没想到！人口普查历史太远，最早竟可追溯到"夏禹"时代！》，载 https：∥baijiahao. baidu. com/s？ id = 1699454388977834632&wfr = spider&for = pc，最后访问日期：2024 年 3 月 16 日。

〔3〕《明初户帖——世界上最早的人口普查记录》，载 https：∥www. stats. gov. cn/zs/tjlshi/gd/202301/t20230101_1903934. html，最后访问日期：2024 年 3 月 16 日。

20 世纪 40 年代，受政府机构扩大化影响，美国公众对于政府机构运作情况的信息公开需求日益高涨。这促使美国于 1946 年出台《联邦行政程序法》，使美国成为较早推进现代政府信息公开立法的国家之一。1964 年，美国制定的《联邦会议法》也包含了政府信息公开的内容。1966 年的《信息自由法》[1]赋予了公民向联邦政府机关索要信息资料的权利。该法规定，如政府拒绝申请人相关请求，需告知其理由，并赋予申请人复议或提起诉讼的权利。该法经历几次修订，逐渐更加符合公民的知情权需求。1974 年《隐私权法》对联邦政府部门公布特定个人信息的行文作出了限制。1976 年通过的《阳光下的政府法》旨在向公众公开政府机构的决策过程。《信息自由法》《阳光下的政府法》以及《隐私权法》"构成了美国政府信息公开立法体系的主要框架，它们从不同的角度确认和保障了公民的知情权"。[2]

美国的政府信息公开立法对世界各国均有表率作用。在其他国家的许多政府信息公开的相关立法中，均可以看到美国相关法律的影子。法国于 1978 年 7 月 17 日 "通过了第 78—753 号《关于改善行政机关与公众关系的各种措施以及其他行政、社会和税收秩序规定的法律》，该法第一篇题为'自由获取行政文件'，其中第 1 条明确规定，公民在自由获取行政文件方面享有信息权"。[3]21 世纪以来，许多发达国家先后完成政府

---

〔1〕 有关《信息自由法》的内容，本书第二章有详细介绍，本章不再赘述。
〔2〕 李云驰：《美国、英国政府信息公开立法的比较与借鉴》，载《国家行政学院学报》2012 年第 3 期。
〔3〕 陈根发：《信息自由的保护与限制》，载《北方法学》2011 年第 4 期。

信息公开立法工作。例如，日本于 1999 年 5 月 14 日颁布《关于行政机关拥有的信息公开的法律》；英国的《信息自由法》于 2005 年正式生效；2006 年 1 月 1 日，德国《信息自由法》正式生效；我国《政府信息公开条例》于 2008 年 5 月 1 日起实施。

在签署《信息自由法》时，约翰逊（Johnson）总统表达了对信息自由的诠释："本法来自我们最基本的原则。当人民具有国家安全所能允许的全部信息时，民主才运行得最好。只要披露对公共利益没有伤害，就不能对决定蒙上秘密的面纱……我带着深切的骄傲感签署这项措施。美国是一个公开社会，人民的知情权受到拥护与保障。"对于权力的保护和限制总是相伴而生，每一个国家在保障公民知情权的同时都对其作出限制。美国《信息自由法》明确提出 9 种限制公开内容，其中第 6 类限制与隐私相关："一旦公开将使个人隐私遭到明显不正当侵害的人事、医疗和类似资料。"张千帆发现，"在美国健康与人力服务部（HHS）2001 年处理的近 62 600 项信息公开申请中，仅有 1600 多项申请因实体理由而遭到拒绝，其中最通常的理由是涉及个人隐私（第六类豁免）"。[1]事实上，限制公开个人隐私信息是各国信息公开立法的共性。[2]

有研究者认为，第六类豁免是立法公众知情权与个人隐私利益之间妥协的结果。因此，其适用性取决于盖特曼利益平衡测

---

〔1〕 张千帆：《政府公开的原则与例外——论美国信息自由制度》，载《当代法学》2008 年第 5 期。
〔2〕 刘华：《论政府信息公开的若干法律问题》，载《政治与法律》2008 年第 6 期。

试。[1]在"盖特曼诉国家劳动关系委员会案"（Getman v. N. L. R. B.）的判决中，法院认定"第6类豁免公开条款的内容并不是绝对的。而是需要判断公开行为获得的公众利益与个人隐私利益的大小"。[2]如果公开行为构成对个人隐私的"明显不当的"侵犯，则应使用该豁免条款。判断过程分为两步：首先法院须确定相关信息的公开是否将构成对个人隐私权的侵犯以及侵犯程度；其后，法院再对"公开行为获得的公众利益与个人隐私利益的大小"进行比较。

"美国葡萄酒爱好者有限公司诉国税局案"（Wine Hobby USA, Inc. v. I. R. S.）[3]中，该公司为了更好地开展酒类邮件营销申请获得潜在客户的姓名和住址。法院认为，尽管公开姓名和地址并不是属于严重侵犯隐私权的行为，但商业实体的销售业务无关公众利益，因此支持政府机关拒绝公开相关信息的决定。

1989年的"美国司法部诉新闻自由记者委员会案"（DoJ v. Reporters Comm. for Free Press）[4]主要涉及政府将罪犯的犯罪信息透露给第三方是否构成对个人隐私的侵犯这一问题。梅迪科家族（Medico's）拥有的合法企业梅迪科工业掌握多份国防合约，而该企业被宾夕法尼亚州犯罪委员会认定为"被一个有组织的犯罪团伙控制"。哥伦比亚广播公司要求联邦调查局依据

---

〔1〕 杨建生：《美国政府信息公开司法审查研究》，法律出版社2014年版，第224页。

〔2〕 Getman v. N. L. R. B. , 450 F. 2d 670 (D. C. Cir. 1971).

〔3〕 Wine Hobby USA, Inc. v. U. S. Internal Revenue Service, 502 F. 2d 133 (3d Cir. 1974).

〔4〕 489 U. S. 749 (1989).

《信息自由法》[1]向其提供梅迪科家族四个成员的犯罪记录信息。联邦调查局起初拒绝提供任何信息，后来提供了该家族3名已过世成员的犯罪信息。而哥伦比亚广播公司坚持要求对方提供尚在世的查尔斯·梅迪科的相关资料。被上诉人哥伦比亚广播公司认为犯罪登记表中的事实已经公布过，因此梅迪科家族对于这些信息的隐私利益微乎其微，法庭不认同上述观点。

根据《信息自由法》，行政机关有权公布政府记录，而美国国会免除的9类文件中包括豁免条款第7（C）条规定，在公布基于法律实施目的的信息和记录时，可能对个人隐私造成不当侵犯，则排除公开义务。豁免条款第7（C）条要求人们在犯罪信息中的隐私利益与公众知晓犯罪信息的权利中寻求平衡。

史蒂文法官代表法庭发表法庭意见如下：任何信息，即便是隐私，也不可能完全保护。法律基于隐私的保护有时体现在信息传播的程度和广度上。普通法赋予一个人对其信息的掌控权。本案中所涉的犯罪信息表中的"信息"是经地方、州、联邦各司法部门的工作人员辛苦搜集并整合而成的，这些信息属于机密文件，即使在司法系统内部也不能随意取得。对犯罪记录表中零星信息的披露和对该表的完整披露显然存在很大区别。1974年《隐私权法》规定，除非信息所有者要求或同意，否则任何机构不得公布一个信息库中的相关信息。根据豁免条款第7

---

〔1〕 为协助刑事案件的侦查、起诉，自1924年起，美国司法部开始着手收集、保存犯罪身份记录，并将犯罪身份记录进一步整合形成罪犯信息表。罪犯信息表包含年龄、体貌特征、犯罪记录、被捕和服刑经历等信息。上述信息表会伴随这些有前科的人终身，直至该人年满80岁被销毁。不仅如此，美国各级执法机构可以交换手中的数据。这些信息表为限制使用的机密文件，除如下两种另外情况：①当时罪犯本人可以保存一份复印件，②在发布通缉信息和新闻发布会中使用。

（C）条，文件自身的性质和《信息自由法》提供的"公开政府行为以供公众监督"这一目的系是否应当公开机密文件的关键。本案中，获取犯罪记录表中的信息，并不能帮助申请者达到监督政府机构行为的任何目的。因此，被上诉人的要求不属于《信息自由法》的保护范围。[1]

此案判决最终站在了信息保护的一边。史蒂文法官在判决中对于"信息"的理解明显带有 20 世纪 60 年代开始的信息立法浪潮的痕迹。这表明，数据库的出现，使得传统意义上的"单一信息"同经过加工而成的"数据库"的性质有了明显差异，而这种差异也使新闻媒体的行为受到新的约束。

有研究者提出平衡知情权与隐私权利益的六个原则：公共利益优先原则、利益衡量原则、最大限度维护人格尊严原则、有限的公众合理兴趣原则[2]、可克减性原则和程序正当原则。利益平衡原则是两种或多种权利发生冲突时确定优先保护哪种权利的重要原则。当信息公开所代表的公共利益大于个人隐私利益时，个人有义务作出牺牲和让步。尽管如此，政府仍应在公开信息的过程中最大限度地维护个体人格尊严。尽管法律对于政府官员、商界名流、文体明星等特殊群体的个人隐私权作出一定限制，但这种限制并不是绝对的，而应以合理为前提。联合国《公民权利和政治权利国际公约》第 4 条、第 17 条规定，隐私权或称私生活的保护属于可克减的权利，国家在社会紧急状态威胁到其生命时，可宣布可克减公民的隐私权，包括暂停对私生活秘密的保

[1]　489 U. S. 749（1989）.
[2]　高立忠：《隐私权与知情权的法律边界》，载《社会科学家》2008 年第 6 期。

护、限制私生活秘密的范围等。[1]对于个人隐私利益的牺牲应当以正当的程序为前提：其一，一个人不能在自己的案件中做法官；其二，人们的抗辩必须公正地被听取。

信息社会的大国争霸并不只限于对土地和资源的抢夺。在没有硝烟的战场上，各国对信息的掌控力已成为能够影响甚至改变世界格局的新武器。"棱镜门"爆发之初，俄罗斯、中国、法国、伊朗、印度、巴西、墨西哥等国家相继被曝成为"棱镜"的监控对象，当年 10 月 23 日，德国政府宣布时任德国总理"默克尔的移动电话可能遭到美国情报机构监听"，德国政府要求美国立即予以澄清。有报道称，"默克尔本人也在与美国总统奥巴马通话时表示坚决反对"。[2]2014 年 1 月，《纽约时报》报道称，美国国家安全局通过间谍软件"量子"（quantum）持续监视全球范围内的 10 万台计算机。[3]英国《卫报》称，美国国家安全局甚至利用风靡全球的手机游戏"愤怒的小鸟"来收集用户的数据。[4]尽管全球一致声讨美国的做法，但事实证明美国并不是特例，包括法国、英国、加拿大、新西兰、韩国在内的多个国家都在进行类似的网络监听计划。[5]

---

〔1〕 宋超：《政府信息公开与个人隐私权保护》，载《理论与改革》2005 年第 3 期。

〔2〕 《棱镜门升级美被曝监控多国 受多方谴责面窘境》，载 http://www. chinanews. com/gj/2013/10 – 24/5422240. shtml，最后访问日期：2013 年 10 月 24 日。

〔3〕 David E. Sanger, Thom Shanker, "N. S. A. Devises RadioPathway into Computers", *The New York Times*, 2014.

〔4〕 James Ball, "NSA and GCHQ target 'leaky' phone apps like Angry Birds to scoop user data", *The Guardian*, 2014.

〔5〕 张伟丽：《网络监控背景下如何保护个人网络隐私权》，载《中国信息安全》2014 年第 7 期。

在此背景下，国际社会对于制定统一的网络空间国际规则的呼声越来越高。"棱镜门"事件爆发后4个月，中国外交部发言人华春莹在外交部新闻发布会上宣布，"中俄等国已向联合国提交了'信息安全国际行为准则'草案"。此举将信息主权立法提升到了国际层面。

近年来，大规模的信息泄露问题在全球范围内频繁爆发。2011年3月，谷歌公司的电子邮箱系统Gmail爆发大规模用户数据库泄露事件，约有15万用户在登录后发现全部邮件被删除。[1]2011年4月，拥有2500家品牌公司客户的授权电子邮件营销商Epsilon数据库系统遭黑客入侵，包括美国银行、Capital One，摩根大通、Marriott Rewards、花旗集团、麦肯锡、Walgreens等知名企业的用户信息遭泄露，损失达2.25亿美元。[2]同年，索尼公司的Playstation数据库遭遇黑客攻击，"包括用户姓名、电子邮箱地址、密码、个人资产和信用卡号在内的多项信息遭泄露，共有约7700万用户受到影响，损失成本高达1.71亿美元，PSN服务关闭23天"。[3]2012年，电子交易支付及转账服务供应商Global Payments Inc.的电子交易方案出现安全漏洞，5万名持卡客户的资料面临泄漏风险。[4]

---

〔1〕《云数据库的安全建议》，载 http://sec. chinabyte. com/120/13664620. shtml，最后访问日期：2016年1月6日。

〔2〕《全球最大电邮列表服务商 Epsilon 用户数据被窃》，载 http://news. xinhuanet. com/tech/2011 –04/04/c_121266302. htm，最后访问日期：2011年4月4日。

〔3〕《盘点：五年十大严重信息泄漏事件》，载 http://soft. yesky. com/security/263/38259763. shtml? from = androidqq，最后访问日期：2014年7月24日。

〔4〕《Global Payments 因为资料外泄调查暂停交易》，载 http://finance. qq. com/a/20120331/000561. htm，最后访问日期：2012年3月31日。

　　个人信息泄露事件的规模和程度决定了单凭个体或者小规模群体不可能有效保护隐私安全。本书认为，国家层面的信息安全保护行动是网络空间隐私保护的必然选择。国家不但可以通过立法规范和约束网络空间的行为，还可以采取有效措施预防和惩治网络侵权行为。

# 结语　万众皆媒时代的隐私失序

从人类使用木棍狩猎开始，工具的进化始终见证并促进着人类社会的进步。自现代科学诞生以来，蒸汽机、汽车、计算机、互联网等重大科学技术的革新几次大幅推进人类历史进程，重新构建了政治制度甚至世界格局。

从技术革新的角度审视人类立法内容、立法理念的演变过程能帮助我们重新审视现实与意识的相互关系。正如郑永年所说，"将科学作为一个利益集团的分析方法，使得我们能够观察，科学界是如何自下而上影响政治变革的；而技术官僚政治的分析方法，则帮助我们探究，科学的思维观念是如何自上而下提供政治变革动力的"。[1]科学技术为人类带来的福祉蕴含着巨大的经济利益。作为意识形态的改革动力，经济利益对社会规则的塑造有着强大的影响力。

自信息革命以来，人类一直在享用信息科技带来的巨大福利。科技创造的方便和利益已经融入人类的日常生活，如同血与肉一般无法彻底分割。对隐私安全的威胁如同科学技术的影

---

〔1〕　郑永年著，邱道隆译：《技术赋权：中国的互联网、国家与社会》，东方出版社 2014 年版，第 9 页。

子，人类对科学技术的无法割舍，注定了人类对于隐私利益减损的某种程度的妥协。

以私人通讯内容的二次传播行为为例。通讯秘密是宪法规定的权利。《中华人民共和国宪法》第40条明确规定："中华人民共和国公民的通信自由和通信秘密受法律的保护。除因国家安全或者追查刑事犯罪的需要，由公安机关或者检察机关依照法律规定的程序对通信进行检查外，任何组织或者个人不得以任何理由侵犯公民的通信自由和通信秘密。"《中华人民共和国民法典》包含保护公民隐私的规定，《中华人民共和国刑法》第252条规定了侵犯通信自由罪。

《中华人民共和国邮政法》第3条第1款规定"公民的通信自由和通信秘密受法律保护。除因国家安全或者追查刑事犯罪的需要，由公安机关、国家安全机关或者检察机关依照法律规定的程序对通信进行检查外，任何组织或个人不得以任何理由侵犯公民的通信自由和通信秘密。"

但如此完整的法律制度也不能有效限制数字化私人通讯内容在网络空间的二次传播。互联网的普及为大众提供了相比传统邮政通讯更为快速、廉价的通讯途径。2019年，女演员张某绮前夫袁某甲在网络曝光其与张某绮的聊天截图。为此，张某绮发表微博评论："情人间的对话如此隐私，因为感情破裂爆出来，此行为我很恶心。"曝光聊天截图的行为已经从明星等公众人物蔓延至普通人。2023年10月，一男子在网络发布63页PPT曝光女友出轨一事成为社交网络热议话题，类似事件已发生多起。即便当事者可以通过法律途径取得诉讼的胜利，但当事人的隐私曝光和名誉损失无法弥补。

几十年来，人类一直试图在享受新科技便利的同时尽可能地控制隐私风险，不断被更新的个人信息保护立法见证了这一美好愿景。但事实是，数字化仍在不断削弱人们对自身隐私的保护。立法者无法预测明天新的科技会制造哪些新的问题，如同一位年轻的母亲无法预知怀中婴儿的情绪。立法始终在狼狈地追赶科技的脚步，这使得有些人开始怀疑法律能否继续保护他们的隐私。

劳伦斯·弗里德曼（Lawrence Friedman）在《选择的共和国》（*The Republic of Choice*：*Law Authority*，*and Culture*）中说道："当代法律上的隐私远远超出了对个人空间的基本需求，它超越了保持某人私生活秘密的权利。实际上，在某种重要意义上，为获得这种形式的隐私进行的斗争已经失败了。现代技术注定了这种形式的隐私必将消失。只要愿意，政府就可以在任何地方一字不落地听到一个针头掉地所发出的声音。计算机时代的人们认为一切都是可以记录的，或至少是已经屈从于这种无奈的事实局面了。因此，隐私与其说是保持秘密的权利，不如说是按照一个人喜欢的方式进行生活的权利，即从事'私人的'行为而不受干涉。"[1]

艾奇奥尼认为，技术与隐私之间博弈的关键在如何使用技术以及如何监管技术的使用。[2]长期以来，对于技术监管的立法

---

〔1〕 ［美］泰瑞·多宾斯·巴克斯特著，凌玲译：《科技对公民意思合理期待的侵蚀》，载张民安主编：《隐私合理期待分论——网络时代、新科技时代和人际关系时代的隐私合理期待》，中山大学出版社2015年版，第117–121页。

〔2〕 Amitai Etzioni, Are New Technologies the Enemy of Privacy? *Knowledge*，*Technology & Policy*，Vol. 20，No. 2.，2007，pp. 115–119.

始终存在滞后性问题。然而法律最根本特征不是滞后性，而是政治性。如果说，隐私是个体权益同公众利益之间的博弈，[1]那么最终的裁判则是政府。正如前文所述，隐私立法的导向依据的是政府的政治需要，所以才会出现美国20世纪70年代信息政策开放，80年代转向保守，而克林顿在90年代初上台后再次将政策转向开放的现象。"9·11"事件后，美国将国土安全问题的地位提升至最高。2004年的美国《情报改革与反恐法案》的立法核心在于方便情报机构最大程度地共享情报。

技术革新与隐私保护并非天然死敌。隐私失控问题的根源不在于立法滞后，而在于上述两者背后牵扯的各种利益。如前文所述，大量网民尚不能摆脱"晒"见闻、"晒"感悟、"晒"幸福带来的社会认同、社交认同和自我认同的快感，并且欠缺自我保护的意识和能力。面对隐私侵权，他们既不愿放弃使用新的技术和产品，也没有能力通过法律维护自身权利，只能困顿在"失控"之中。拥有显著进步性和实用性的技术通常拥有庞大的用户群体，如电话、照相机、电视、汽车等，其中一些甚至是不可替代的，它们的实用和普及具有不可逆转性，如飞机、计算机和互联网。这些技术不仅改善了人类的生活，更改变了人类的生存模式，因此它们只能被更先进的技术更替，而不会被人类抛弃。

人类对于技术的依赖成就了一代又一代强大的商业实体。无论是传统的资本主义国家，还是进入市场经济的社会主义国家，都不愿看见商业巨头的陨落，更经不起核心产业的衰败。

---

〔1〕 Spacks, Patricia Meyer, *Privacy：Concealing the Eighteenth-Century Self*, University of Chicago Press，2003，p. 4.

隐私背后的商业利益决定着政府如何构建信息产业治理的体系。从欧洲的经验来看，国家可以通过立法或者政策倾斜约束技术和相关商业实体甚至整个产业，或者通过立法将隐私保护的责任转移至商业实体，从而减轻个体的维权成本、降低科技对个体隐私的侵害，但信息政策的收紧将直接损害信息产业的收益，打击产业的活力。美国信息产业的发达程度远高于欧洲，牵扯的利益更多，产业的兴衰对经济的影响也更大。这也是美、欧在隐私保护立法上产生巨大分歧的原因之一。

在信息社会，完全的管控是不可实现的，政府只可能且应该在有限的范围内进行有效的管控。通过本书的梳理，我们不难发现：从快照到监听、从互联网到社交网络、从数据库到云计算，隐私权理论从不拒绝面对新技术发起的挑战，而新的技术总是推进隐私权理论的发展。事实上，隐私权理论在100多年的发展历程中已经具备了一套相对完善的原则。

第一，对于法律是否保护新技术带来的新型隐私问题，《隐私权》作者布兰代斯在"奥姆斯特德诉美国案"的少数派意见中已经指出，"宪法不应该仅被适用于已知的问题，对于可能出现的新问题同样应当适用"。

第二，现有法律在区分依赖新技术实施的隐私侵权行为时亦有创造性的阐述。例如，在"凯罗诉美国案"中，法院在判决中指出，政府采用新兴技术以揭示既有手段不能接触到的信息属于对美国宪法第四修正案的侵犯。

第三，对于目前最为棘手的个人信息保护问题，现有法律中也存在一些基本的规则和原则。美国法律并不绝对禁止政府或者商业实体对个人隐私信息的接触、收集和使用，但这些行为必不能违反一些基本的原则。例如，《反垃圾邮件法案》和《控制非经请求的色情和产品推销邮件法》中均赋予电子邮件接收者选择接收或者不接收邮件的权利，即便是合法收集个人信息的机关、机构，也只能在一定的期限内持有相关信息。《隐私权法》就否定了行政机关超期保存涉密个人信息记录的权利，出于公共利益等原因牺牲个人隐私利益时，也应当以"必须""适当"为限。"格瑞斯伍德诉康涅狄格州案"中，大法官道格拉斯曾指出，政府不得采取不必要的、过广的侵犯受保护的自由权利的手段。《保护自动化处理个人数据公约》规定：数据存储的前提是基于明确、合法目的；所存储的数据应该准确、必要，及时更新；数据保存期以信息主体授权为限。对于儿童等特殊群体的隐私保护，现有法律亦有规定。2000 年的《儿童在线隐私保护法》规定除非征得其监护人同意，否则网络服务供应商不得向 13 岁以下儿童获取其个人资料。

第四，目前学界一直认为法院应当在判决中创造性地对新出现的隐私侵权问题提出法理分析和法律认定，以解决这些新问题，并对立法方向作出指导。

第五，大法官斯卡利亚在 2001 年的"凯罗诉美国案"判决中借鉴了一种识别新侵权行为的方法。他认为联邦最高法院应当以"长远的角度"思考新技术带来的隐私问题：利用新技术实施的表面上不属于侵权的行为，以达到以往必须通过侵权手段才能达到的侵权目的的行为也属于侵权行为。

尽管法官并不看好学术界称颂的"以原则替代规则"的问题解决模式，但目前尚不能找到更好的出路。劳伦斯·莱斯格在其代表作《代码：塑造网络空间的法律》中阐明：网络世界有其自己的法律，那就是代码。[1]他认为，互联网就是一个通过编程创造的世界，而人为创造的编程"代码"就是约束互联网空间行为的准则，即互联网的"法律"，也即互联网的"自律"。

正如大法官史蒂文在"沃伦诉罗伊案"判决中所说，在现代社会，人们不可能完全避免自己的个人信息，包括负面信息被政府部门、社会机构知晓和存储。本书认为这种不可避免意味着期待可能性的降低。如果期待可能性的降低是一种短期内不能逆转的状态，那么人们的隐私期待利益必然萎缩。这种萎缩并不意味着隐私利益的消亡，只是在现有的社会现实下重新认识我们对隐私可能实现的"期待"。这是个体利益得以在社会上各种相互冲突的利益中能够幸存的必选妥协和让步。信息性隐私权的核心并不在于防止信息的"存在"或者他人的"持有"，而在于阻断信息主体所不期望的、不能承受的、不愿承受的信息流转或者传播。例如，本书提过的"大仲马案"，法院最终判决由大仲马收购涉案照片版权以防止照片外传。再比如被遗忘权并不能彻底删除已经存在的所有电子记录，对于被遗忘权的认可的目的在于防止信息进一步的传播。

信息化是目前的社会现实，也是不可逆转的趋势，持有和保存公民个人信息的部门、机构、组织、商业实体甚至个人有责任保护好手中掌握的规模庞大的个人信息，但法律不可能完全限制这些信息的获取、持有和使用，因为那样有违信息化的意义，也不利于社会的整体经济收益。

---

〔1〕 〔美〕劳伦斯·莱斯格著，李旭、姜丽楼、王文英译：《代码：塑造网络空间的法律》，中信出版社 2004 年版，第 7 页。

历史规律告诉我们，新的隐私问题将继续伴随着新的科学技术出现。立法的滞后性并不是目前隐私保护困境的根本原因，立法的政治性才是。法学学科现有的理论、资源、人才和发展潜力完全有能力解决好现在和未来的隐私保护问题。解决隐私保护困境的关键在于立法者如何权衡技术背后的巨大经济利益和公民的隐私权，如何设定隐私保护的"阈值"〔1〕。

尽管相应的立法必要且重要，但解决科技同隐私之间矛盾的关键并不在于立法，而在于在两种利益之间寻找一个适当的价值平衡点。防止隐私侵权行为的方式多种多样，隐私主体应当学会小心、谨慎、理性地公开自己。商业实体应当为隐私保护问题付出更多的人力、物力和财力，确定更高的隐私保护规则，并同信息所有者分享信息带来的利益，而这种投入应当被理解为信息时代最基本的运营成本。法律是公民隐私权的最终捍卫者。尽管信息产业代表着巨大的商业利益和国家利益，政府仍应当尽全力将公民隐私利益的牺牲降至最低。无论政府选择如何设置或者调整隐私保护的"阈值"，都不能放弃这一底线。

---

〔1〕 阈值又叫临界值，是指一个效应能够产生的最低值或最高值。

# 参考文献

## 一、外国文献

1. A. Besmer, H. Richter Lipford, *Moving Beyond Untagging: Photo Privacy in a Tagged World*, 2010.

2. Adam N. Joinson, Carina B. Paine, "Self-disclosure, privacy and the Internet", in A. N. Joinson, K. Y. A. McKenna, T. Postmes, U. Reips eds, *The Oxford handbook of Internet psychology*, Oxford University Press, 2007.

3. Alessandro Acquisti, "Ralph Gross, Predicting Social Security numbers from public data", *Proceedings of the National Academy of Sciences (PNAS)*, 2009.

4. Alan Furman Westin, *Privacy and freedom*, New York: Atheneum, 1970.

5. Alyson L. Young, Anabel Quan-Haase, "Information revelation and internet privacy concerns on social network sites: a case study of Facebook", *Proceedings of the 4th International Conference on Communities & Technologies (C&T'09)*, 2009.

6. S. B. Barnes, "A privacy paradox: Social networking in the United

States", *First Monday*, Vol. 11, No. 9. , 2006.

7. Beate Rössler, "The value of privacy", *Polity*, 2005.

8. Berzins, Christopher, "Publicity and Privacy in Administrative Adjudication: A Right to be Forgotten", *Advocates'Quarterly*, Vol. 39, No. 1. , 2011.

9. Benjamin E. Bratman, *Brandeis and Warren's The Right to Privacy and the Birth of the Right to Privacy*, Tenn. L. Rev. , 2001, p. 69.

10. P. A. Bernal, "A right to delete?", *European Journal of Law and Technology*, Vol. 2, No. 2. , 2011.

11. J. F. Blanchette, D. G. Johnson, "Data retention and the panoptic society: The social benefits of forgetfulness", *The Information Society*, Vol. 18, No. 1. , 2002.

12. D. M. Boyd, N. B. Ellison, *Social network sites: Definition, history, and scholarship. Journal of Computer-Mediated Communication*, 2007.

13. Charles E. Cantu, "Privacy", *Saint Louis University Public Law Review*, Vol. 7.

14. Charles Fried, "Privacy", 77 *Yale Law Journal*, 1968, pp. 475 – 477.

15. L. Christiansen, "Personal privacy and Internet marketing: An impossible conflict or a marriage made in heaven? ", *Business horizons*, 2011.

16. W. Chung, J. Paynter, "Privacy issues on the Internet", *System Sciences*, 2002.

17. Clive Thompson, "Brave new world of digital intimacy", *The*

*New York Times*, 2008.

18. J. Daniel Solove, *Privacy and Power: Computer Databases and Metaphors for Information.*

19. "Privacy", *Stanford Law Review*, 2001, p. 1393.

20. Daniel J. Solove, "A Brief History of Information Privacy Law", *GWU Law School Public Research*, No. 215.

21. David A. Andson, D. A. Anderson, "The failure of American privacy law", *Protecting Privacy: The Clifford Chance Lectures*, 1999, p. 4.

22. David Flint, "Law shaping technology: technology shaping the law", *Int Review Law Comput Technol*, Vol. 23, No. 1. - 2., 2009, pp. 5 - 11.

23. David L. Bazelon, "Probing Privacy", *Gonz. L. Rev.*, 1976, p. 587.

24. W. T. DeVries, "Protecting Privacy In the Digital Age", *Berkeley Tech*, 2003, p. 18.

25. Domingo R. Tan, "Personal Privacy in the Informational Age: Comparison of Internet Data Protection Regulation in the United Stated States and the European Union", *Loy. LA Intl & Comp. LJ*, 1999.

26. Daniel J. Solove, "Digital Dossiers and the Dissipation of Fourth Amendment Privacy", 75 *S. CAL. L. REV.*, 2002, pp. 1128 - 33.

27. J. Edward, "Bloustein. Privacy as an aspect of human dignity: An answer to Dean Prosser", *NYUL Review*, 39 (1962), 962.

28. A. Elder David, *The Law of Privacy*, New York: Clark Boardman, 1991.

29. J. Ellul, R. K. Merton, *The technological society*, New York: Vintage books, 1964.

30. Eltis, Karen, "Breaking through the Tower of Babel: A Right to be Forgotten and How Trans-Systemic Thinking Can Help Re-Conceptualize Privacy Harm in the Age of Analytics, Fordham Intellectual Property", *Media & Entertainment Law Journal*, Vol. 22, No. 1., 2011.

31. R. Gross, A. Acquisti, "Information revelation and privacy in online social networks", *Proceedings of WPES'05*, pp. 71 – 80.

32. Harry D. Krause, Paul Marcus, *Privacy*, Citation: 26 Am. J. Comp. L. Sup, 1977 – 1978, p. 377.

33. J. M. Hauch, "Protecting private facts in France: the Warren and Brandeis tort is alive and well and flourishing in Paris", *Tul. L. Rev.*, 1993, p. 68.

34. Helen Nissenbaum, *Privacy in context. technology, policy, and the integrity of social life*, Stanford University Press, 2010.

35. M. J. Hodge, "Fourth Amendment and Privacy Issues on the New Internet: Facebook. com and Myspace. Com", *Southern Illinois University Law Journal*, 2006, pp. 31, 95.

36. Hyman Gross, "The Concept of Privacy", *The. NYUL Rev.*, 1967, p. 42.

37. Irwin Altman, "Privacy Regulation: Culturally Universal or Culturally Specific?", *The Journal of Social*, 1977, p. 33.

38. Jeffrey Rosen, "Free speech, privacy, and the web that never forgets", *Journal on Telecommunications & High Technology Law*,

9（2011），p. 345.

39. James B. Rule, Graham Greenleaf, *Global Privacy Protection*, Edward Elgar Publishing, 2010.

40. James Rachels, *Why privacy is important*, Philosophy & Public Affairs, 1975.

41. Jed Rubenfeld, *The right of privacy*, Harvard Law Review, 1989.

42. Jerry Berman, Deirdre Mulligan, "Privacy in the digital age: Work in progress", *Nova Law Review*, Vol. 23, pp. 549, 1999.

43. S. Joseph, "Fulda. Data Mining and Privacy", 11 *Alb. L. J. Sci. & Tech.*, pp. 105, 2000 – 2001.

44. Ken Gormley, *One Hundred Years of Privacy*, Wisconsin Law Review, 1992.

45. P. Klopfer, D. Rubenstein, "The Concept Privacy and its Biological Basis", *Journal of Social*, Vol. 33, No. 3., 2007, pp. 52 – 65.

46. D. Lucas Introna, "Privacy and Computer: Why We Need Privacy in the Information Society", *Metaphilosophy*, Vol. 28, No. 3., 1997.

47. A. M. McDonald, L. F. Cranor, "Americans'Attitudes about Internet Behavioral Advertising Practices", *Proceeding WPES* 10 *Proceedings of the 9th annual ACM workshop on Privacy in the Electronic Society*, pp. 63 – 72.

48. A. Miller, *The Assault on Privacy*, Harvard University Press, 1971.

49. J. Morahan-Martin, P. Schumacher, "Loneliness and social uses of the Internet", *Computers in Human Behavior*, Vol. 19, No. 6., 2003, pp. 659 – 671.

50. Marc Ziegele, *Oliver Quiring. Privacy in Social Network Sites. Privacy Online*, Springer-Verlag Berlin Heidelberg, 2011.

51. F. Mishna, A. McLuckie, M. Saini, "Real-world dangers in an online reality: a qualitative study examining online relationships and cyber abuse", *Soc Work Res*, Vol. 33, No. 2., 2009, pp. 107 –118.

52. J. Thomas McCarthy, *The Rights of Publicity and Privacy*, 2000.

53. Nancy L. Collins, M. Lynn Carol Miller, "Self-disclosure and liking: a meta-analytic review", *Psychol Bull*, Vol. 116, No. 3., 1994, pp. 457 –475.

54. Neil M. Richards, Daniel J. Solove, "Privacy's other path: Recovering the law of confidentiality", *the Georgetown law journal*, 96 (2007), pp. 123.

55. "The Right to Privacy in Nineteenth Century America", *Harvard Law Review*, Vol. 94, No. 8., 1981.

56. M. David, O. Brien, *Privacy, Law, and Public Policy*, 1979.

57. J. Rachels, "Why Privacy is Important", *Philosophy and Public Affairs*, Vol. 4, No. 4., 1975, pp. 323 –333.

58. Ralph Gross, Alessandro Acquisti, H. JohnHeinz Ⅲ, "Information revelation and privacy in online social networks (The Facebook case)", in De Capitani Di S. Vimercati and R. Dingledine eds, *Proceedings of the 2005 ACM Workshop on Privacy in the Electronic Society (WPES)*, 5 –7 November, ACM, Alexandria, VA.

59. B. Richard, A. Parker, "Definition of Privacy", *Rutgers Law*

*Review*, 1973 – 1974 (27).

60. Robert Lee Hotz, "The really smart phone", *The Wall Street Journal*, Retrieved April 24, 2011.

61. Rolf H. Weber, "The right to be forgotten: more than a Pandora's box?", *Journal of intellectual property. information technology and e-commerce law*, 2011.

62. Ruth Gavison, "Privacy and the Limits of Law", *Yale law journal*, 1980.

63. Samuel D. Warren, Louis D. Brandeis, "The right to privacy", *Harvard law review*, 1890.

64. Sandra Petronio, "Communication boundary management: a theoretical model of managing disclosure of private information between marital couples", *Commun Theory*, 4 (1991).

65. Sonia Livingstone, "Taking risky opportunities in youthful content creation: teenagers' use of social networking sites for intimacy, privacy and self-expression", *New Media Soc*, 10 (2008).

66. Simon Bronitt, "Contemporary Comment—Electronic Surveillance and Informers: Infringing the Rights to Silence and Privacy", *Criminal Law Journal*, Vol. 20.

67. Smith, *M. et al. Big data privacy issues in public social media*, Digital Ecosystems Technologies (DEST), 6th IEEE International Conference, 2012.

68. William J. Stuntz, "Privacy's Problem and the Law of Criminal Procedure", 93 *MICH. L. REV.*, 1016, 1050 (1995).

69. T. Stephen, "Margulis Privacy as a social issue and behavioral

concept", *Journal of social issues*, Vol. 59, No. 2. , 2003.

70. J. Sloan Irung, *Law of Privacy Right in a Technological Society*, Oceana Publications, 1986.

71. Tavani Herman, *Privacy-enhancing technologies as a panacea for online privacy concerns*, J Inform Ethics fall, 2000.

72. "The Right To Be Forgotten", *Northern Kentucky Law Review*, 2012.

73. W. A. Parent, "A New Definition of Privacy for the Law", *Law and Philosophy*, 1983.

74. William L. Prosser, "Privacy", *Cal. L. Rev.*, 1960.


## 二、中文文献

1. 〔美〕阿丽塔·L. 艾伦、理查德·C. 托克音顿著，冯建妹等编译：《美国隐私法：学说、判例与立法》，中国民主法制出版社 2004 年版。

2. 〔美〕爱伦·艾德曼、卡洛琳·肯尼迪著，吴懿婷译：《隐私的权利》，当代世界出版社 2003 年版。

3. 〔美〕安东尼·刘易斯著，何帆译：《批评官员的尺度：〈纽约时报〉诉警察局长沙利文案》，北京大学出版社 2011 年版。

4. 〔美〕路易斯·D. 布兰代斯等著，宦盛奎译：《隐私权》，北京大学出版社 2014 年版。

5. 陈昶屹：《"被遗忘权"背后的法律博弈》，载《北京日报》2014 年 5 月 21 日，第 14 版。

6. 陈卫星：《传播的观念》，人民出版社 2004 年版。

7. 翟宏堃：《大数据时代征信业的变化与被遗忘权》，载《金融法苑》2014 年第 2 期。

8. 曹劲松、宋惠芳：《信息伦理原则的价值取向与责任要求》，载《江海学刊》2004 年第 5 期。

9. 〔美〕丹尼尔·沙勒夫著，林铮颢译：《隐私不保的年代》，江苏人民出版社 2011 年版。

10. 冯娜：《信息隐私权的法律保护》，载《当代法学》2002 年第 6 期。

11. 高立忠：《隐私权与知情权的法律边界》，载《社会科学家》2008 第 6 期。

12. 郭瑜：《个人数据保护法研究》，北京大学出版社 2012 年版。

13. 郭龙飞：《社交网络用户隐私关注动态影响因素及行为规律研究》，北京邮电大学 2013 年博士学位论文。

14. 韩文成：《网络信息性隐私权法律保护研究》，载《河北法学》2007 年第 12 期。

15. 黄永维：《美国的隐私观与隐私法》，载《人民法院报》2002 年 8 月 19 日。

16. 何治乐、黄道丽：《大数据环境下我国被遗忘权之立法构建——欧盟〈一般数据保护条例〉被遗忘权之借鉴》，载《网络安全技术与应用》2014 年第 5 期。

17. 胡颖：《中国互联网表达自由的法律规制与保护》，载《国际新闻界》2012 第 9 期。

18. 胡晓进：《近三十年来中国学者对美国最高法院的研究与认识》，载《美国研究》2008 年第 4 期。

19. 胡泳：《众声喧哗：网络时代的个人表达与公共讨论》，广西师范大学出版社 2008 年版。

20. 胡胜发：《美国计算机、自由与隐私大全》，载《国外法制信息》1999 年第 1 期。

21. 黄萍：《由"人肉搜索第一案"谈个人信息保护》，载《法治论丛（上海政法学院学报）》2009 年第 2 期。

22. 蒋坡主编：《个人数据信息的法律保护》，中国政法大学出版社 2008 年版。

23. ［荷］简·梵·迪克著，蔡静译：《网络社会——新媒体的社会层面》，清华大学出版社 2014 年版。

24. ［美］杰伊·布莱克等：《大众传播通论》，复旦大学出版社 2009 年版。

25. ［英］安东尼·吉登斯著，胡宗泽、赵力涛译：《民族－国家与暴力》，生活·读书·新知三联书店 1998 年版。

26. ［美］杰夫·贾维斯著，南溪译：《公开：新媒体时代的网络正能量》，中华工商联合出版社 2013 年版。

27. 孔令杰：《个人资料隐私的法律保护》，武汉大学出版社 2009 年版。

28. ［美］劳伦斯·莱斯格著，李旭、沈伟伟译：《代码 2.0：网络空间中的法律》，清华大学出版社 2009 年版。

29. 廖先旺：《网络时代应有"遗忘权"》，载《新闻世界》2009 年第 12 期。

30. 《谷歌开始执行"被遗忘权"新规》，载《英国金融时报》2014 年 6 月 26 日，第 2 版。

31. 李德成：《网络隐私权保护制度初论》，中国方正出版社 2001 年版。

32. 李林容：《社交网络的特性及其发展趋势》，载《新闻界》

2010 年第 5 期。

33. 李静：《网络隐私权保护的立法研究》，中国海洋大学 2009 年硕士学位论文。

34. 梁慧星、廖新仲：《隐私的本质与隐私权的概念》，载《人民司法》2003 年第 4 期。

35. 刘静怡等：《隐私权保障机制》，（台湾）行政院研究发展考核委员会 2003 年。

36. 刘焕成：《网络隐私保护对策研究》，载《情报科学》2003 年第 4 期。

37. 刘一兵：《网络环境下的隐私与隐私保护》，载《情报科学》2003 年第 6 期。

38. 刘颖：《论个性化信息服务中的隐私保护》，载《情报科学》2007 年第 12 期。

39. 郎庆斌、孙毅：《个人信息安全——研究与实践》，人民出版社 2012 年版。

40. ［美］洛丽·安德鲁斯著，李贵莲译：《我知道你是谁，我知道你做过什么：隐私在社交网络时代的死亡》，中国友谊出版公司 2015 年版。

41. 陈卫星主编：《网络传播与社会发展》，北京广播学院出版社 2001 年版。

42. ［美］理查德·斯皮内洛著，李伦等译：《铁笼，还是乌托邦——网络空间的道德与法律》，北京大学出版社 2007 年版。

43. ［美］理查德·A. 斯皮内洛著，刘钢译：《世纪道德：信息技术的伦理方面》，中央编译出版社 1999 年版。

44. 吕耀怀：《当代西方对公共领域隐私问题的研究及其启示》，

载《上海师范大学学报（哲学社会科学版）》2012 年第
1 期。

45. ［美］曼纽尔·卡斯特尔等著，傅玉辉、何睿、薛辉译：
《移动通信与社会变迁：全球视角下的传播变革》，清华大
学出版社 2014 年版。

46. ［加］马歇尔·麦克卢汉著，何道宽译：《理解媒介：论人
的延伸》，译林出版社 2011 年版。

47. ［美］迈克尔·埃默里、埃德温·埃默里、南希·L. 罗伯
茨著，展江译：《美国新闻史——大众传播媒介解释史》，
中国人民大学出版社 2009 年版。

48. 彭支援：《被遗忘权初探》，载《中北大学学报（社会科学
版）》2014 年第 1 期。

49. 潘静静：《隐私权：历史进路与现实挑战》，载《法制与社
会》2014 年第 17 期。

50. 齐爱民：《拯救信息社会中的人格——个人信息保护法总
论》，北京大学出版社 2009 年版。

51. 齐爱民：《论个人信息的法律属性与构成要素》，载《情报理
论与实践》2009 年第 10 期。

52. 齐勇：《关于隐私权的几点思考》，载《当代法学》2001 年
第 11 期。

53. 邱林川：《信息时代的世界工厂：新工人阶级的网络社会》，
广西师范大学出版社 2013 年版。

54. 邵国松：《"被遗忘的权利"：个人信息保护的新问题及对
策》，载《南京社会科学》2013 年第 2 期。

55. 石静霞、张舵：《从欧洲法院承认"被遗忘权"的判决看个

人信息保护》，载《中国信息安全》2014 年第 11 期。

56. ［美］唐·R. 彭伯著，张金玺、赵刚译：《大众传媒法》，中国人民大学出版社 2005 年版。

57. ［美］唐纳德·M. 吉尔摩、杰罗姆·A. 巴龙、托德·F. 西蒙著，梁宁等译：《美国大众传播法：判例评析》（上册），清华大学出版社 2002 年版。

58. ［法］托克维尔著，董果良译：《论美国的民主》（上卷），商务印书馆 1988 年版。

59. 王东宾：《信息社会的个人信息保护》，载《社会观察》2013 年第 2 期。

60. 王洪：《信息性隐私权的法律经济分析评述》，载《乡镇经济》2005 年第 7 期。

61. 伍艳：《论网络信息时代的"被遗忘权"——以欧盟个人数据保护改革为视角》，载《图书馆理论与实践》2013 年第 11 期。

62. 王利明：《隐私权内容探讨》，载《浙江社会科学》2007 年第 3 期。

63. 王利明：《隐私权概念的再界定》，载《法学家》2012 年第 1 期。

64. 王利明：《论个人信息权的法律保护——以个人信息权与隐私权的界分为中心》，载《中国检察官》2013 年第 21 期。

65. 王利明：《论个人信息权的法律保护——以个人信息权与隐私权的界分为中心》，载《现代法学》2013 年第 4 期。

66. 王利明：《隐私权的新发展》，载《人大法律评论》2009 年第 1 期。

67. 王利明主编：《民法典·侵权责任法研究》，人民法院出版社 2003 年版。

68. 王琼雯：《宪法隐私权的历史考察与价值溯源》，载《中西法律传统》2004 年。

69. 王四新：《欧洲人权法院判例法中的信息自由》，载《南京大学学报（哲学·人文科学·社会科学版）》2008 年第 6 期。

70. 王四新：《表达自由——原理与应用》，中国传媒大学出版社 2008 年版。

71. 王树义、朱娜：《移动社交媒体用户隐私保护对策研究》，载《情报理论与实践》2013 年第 7 期。

72. 王泽鉴：《人格权法》，北京大学出版社 2013 年版。

73. 王泽鉴：《民法概要》，中国政法大学出版社 2003 年版。

74. 王俊秀：《监控社会与个人隐私——关于监控边界的研究》，天津人民出版社 2006 年版。

75. 王秀哲：《隐私权的宪法保护》，社会科学文献出版社 2007 年版。

76. 魏永征、周丽娜：《新闻传播法教程》，中国人民大学出版社 2002 年版。

77. 魏永征：《英国：媒体和隐私的博弈——以〈世界新闻报〉窃听事件为视角》，载《新闻记者》2011 年第 10 期。

78. 吴宏伟：《社会网络数据发布中的隐私匿名技术研究》，哈尔滨工程大学 2013 年博士学位论文。

79. 吴飞、傅正科：《大数据与"被遗忘权"》，载《浙江大学学报（人文社会科学版）》2015 年第 2 期。

80. 向燕:《美国最高法院"隐私的合理期待"标准之介评》,载《中国刑事法杂志》2008年第5期。

81. 夏勇:《人权概念起源——权利的历史哲学》,中国社会科学出版社2007年版。

82. 肖斌团、杨会永:《美国云计算技术下网络调查中的隐私司法保护研究》,载《法律适用》2013年第3期。

83. 徐敬宏:《网站隐私声明的真实功能考察——对五家网站隐私声明的文本分析》,载《当代传播》2008年第6期。

84. 徐迅:《以自律换取自由——英国媒介自律与隐私法》,载《国际新闻界》1999年第5期。

85. 夏勇:《人权概念起源——权利的历史哲学》,中国政法大学出版社2001年版。

86. 杨立新:《侵害公民个人电子信息的侵权行为及其责任》,载《法律科学(西北政法大学学报)》2013年第3期。

87. 杨立新:《关于隐私权及其法律保护的几个问题》,载《人民检察》2000年第1期。

88. 杨立新、孙博:《国外人格权的历史发展》,载《河北法学》1995年第4期。

89. 〔美〕约翰·D.泽莱兹尼著,王秀丽译:《传播法判例:自由、限制与现代媒介》,北京大学出版社2007年版。

90. 〔美〕约纳森·罗森诺著,张皋彤等译:《网络法——关于因特网的法律》,中国政法大学出版社2003年版。

91. 杨吉、张解放:《在线革命:网络空间的权利表达和正义实现》,清华大学出版社2013年版。

92. 〔美〕杨国斌著,邓燕华译:《连线力:中国网民在行动》,

广西师范大学出版社 2013 年版。

93. 叶红耘：《新闻自由权侵犯隐私权的法理评析》，载《法学》2004 年第 3 期。

94. 尹伊君：《社会变迁的法律解释》，商务印书馆 2003 年版。

95. 余凌云、王洪芳、秦晴主编：《摄像头下的隐私权》，中国人民公安大学出版社 2008 年版。

96. 展江、吴薇主编：《开放与博弈——新媒体语境下的言论界限与司法规制》，北京大学出版社 2013 年版。

97. 张莉：《论隐私权的法律保护》，中国法制出版社 2007 年版。

98. 张新宝：《隐私权的法律保护》，群众出版社 1997 年版。

99. 张新宝主编：《互联网上的侵权问题研究》，中国人民大学出版社 2003 年版。

100. 张新宝：《信息技术的发展与隐私权保护》，载《法制与社会发展》1996 年第 5 期。

101. 张秀兰：《网络隐私权保护研究》，北京图书馆出版社 2006 年版。

102. 张民安主编：《隐私权的比较研究——法国、德国、美国及其他国家的隐私权》，中山大学出版社 2013 年版。

103. 张民安主编：《美国当代隐私权研究——美国隐私权的界定、类型、基础以及分析方法》，中山大学出版社 2013 年版。

104. 张民安主编：《侵扰他人安宁的隐私侵权——家庭成员间、工作场所、公共场所、新闻媒体及监所狱警的侵扰侵权》，中山大学出版社 2012 年版。

105. 张民安主编：《公开他人私人事务的隐私侵权——公开他人的医疗信息、基因信息、雇员信息、航空乘客信息及网络的隐私侵权》，中山大学出版社 2012 年版。

106. 张民安主编：《公开权侵权责任研究：肖像、隐私及其他人格特征侵权》，中山大学出版社 2010 年版。

107. 张鸿霞等著：《网络环境下隐私权的法律保护研究》，中国政法大学出版社 2013 年版。

108. 张军：《宪法隐私权研究》，中国社会科学出版社 2007 年版。

109. 张千帆：《西方宪政体系》（上册·美国宪法），中国政法大学出版社 2000 年版。

110. 郑远民、李志春：《被遗忘权的概念分析》，载《长春师范大学学报》2015 年第 1 期。

111. 郑文明：《互联网时代的"数字遗忘权"》，载《新闻界》2014 第 3 期。

112. 郑永年著，邱道隆译：《技术赋权：中国的互联网、国家与社会》，东方出版社 2014 年版。

113. 周丽娜：《媒体与隐私——英国新闻报道侵犯隐私案例研究》，中国传媒大学出版社 2013 年版。

114. 周佳念：《信息技术的发展与隐私权的保护》，载《法商研究》2003 年第 1 期。

115. 美狄亚编著：《谁偷窥了你的网络隐私》，成都时代出版社 2014 年版。

116. 张民安主编：《隐私合理期待分论——网络时代、新科技时代和人际关系时代的隐私合理期待》，中山大学出版社 2015 年版。

117. 张民安主编：《信息性隐私权研究——信息性隐私权的产生、发展、适用范围和争议》，中山大学出版社 2014 年版。

118. ［英］洛克著，叶启芳、翟菊农译：《政府论（下篇）》，商务印书馆 1964 年版。

119. 任东来等著：《美国宪政历程：影响美国的 25 个司法大案》，中国法制出版社 2004 年版。

120. ［英］维克托·迈尔 – 舍恩伯格著，袁杰译：《删除：大数据取舍之道》，浙江人民出版社 2013 年版。

121. 孙笑侠：《法的现象与观念》，山东人民出版社 2001 年版。

122. 王利明、杨立新主编：《人格权与新闻侵权》，中国方正出版社 1995 年版。